功能性训练课程

孙鹏堂　李率铭　主编

人民体育出版社

图书在版编目（CIP）数据

功能性训练课程 / 孙鹏堂，李率铭主编. -- 北京：人民体育出版社，2023

ISBN 978-7-5009-6260-1

Ⅰ. ①功… Ⅱ. ①孙… ②李… Ⅲ. ①运动训练－高等职业教育－教材 Ⅳ. ① G808.1

中国版本图书馆 CIP 数据核字 (2022) 第 257001 号

*

人民体育出版社出版发行
天津画中画印刷有限公司印刷
新华书店经销

*

787×1092　16 开本　9.5 印张　180 千字
2023 年 8 月第 1 版　2023 年 8 月第 1 次印刷

*

ISBN 978-7-5009-6260-1
定价：56.00 元

社址：北京市东城区体育馆路 8 号（天坛公园东门）
电话：67151482（发行部）　邮编：100061
传真：67151483　邮购：67118491
网址：www.psphpress.com
（购买本社图书，如遇有缺损页可与邮购部联系）

本书编写组

主　编： 孙鹏堂　李率铭

副主编： 李建亚　刘　杨

主　审： 王　宁　黄志基

编　委： （按姓氏笔画排序）

年晓建　朱丽敏　孙启宏

李　铂　鹿国晖

前言
FOREWORD

随着我国体育强国建设向纵深发展，人们追求美好生活的愿望不断提升，大众健身领域人群参与运动或体能训练的目的也发生着变化，人们不再满足于单一的力量训练或有氧训练，不再满足于讨论单一训练目的，比如增肌或减肥，而是不断追求更有效、更前沿的健身理论来指导个人训练、寻求训练突破。

这种旺盛的需求推动了国内健身市场的快速发展，以及运动训练理论的不断更新。近年来，功能性训练这一理念逐渐普及，它更强调完成动作的模式，而非只锻炼某一块或几块肌肉，通过对设计好的动作进行训练，从而强化相应的功能，而执行动作时相应的肌肉也自然而然地得到了锻炼。通过功能性训练达到改善体态并调整身体张力、预防或者消除慢性疼痛、矫正不良动作模式、增加神经和肌肉的适应性，甚至提升运动表现等目的。功能性训练不仅使人收获健康、美丽，更能收获高品质的生活。

《功能性训练课程》一书由北京体育职业学院专业教师携手服务国家队的体适能康复学院专家共同编写，旨在为运动康复、体育健身和体能训练类专业高职学生和有高训练目标的运动参与者量身打造一本融合科学性与前沿性于一体的体能训练与康复训练教材。本书含有丰富的实践性教学案例，具有极大的启发性和广泛的应用性。

目 录
CONTENTS

第一章　功能性训练概述

导言：功能性训练与健身训练、竞技体育训练相比有很多相似之处，但其训练目的又与二者有明显的区别，明确他们之间的关系可以更好地理解功能性训练，从而发挥功能性训练的特殊优势，并为不同类型的训练者提供严谨、科学的训练方案，对功能性训练有更深刻的学习和理解后，不仅可以设计出改善大众健身人群运动功能障碍的方案，还可以帮助"运动员"设计协助运动表现提高及预防运动损伤的训练方案。

学习目标

1. 知识模块

- 了解功能性训练的起源与发展。
- 了解当代训练领域对于功能性训练的使用。
- 了解功能性训练的意义及作用。
- 了解需要功能性训练的人群特征。

2. 能力模块

通过学习认识到在训练周期中加入功能性训练能够使训练者的综合体能及运动表现更为理想；了解在各类专项运动以及普通大众的功能性训练需求，做到有针对性地设计训练内容。

3. 素养模块

通过本章学习，理性看待传统阻力训练和功能性训练的优势与不足，善于用辩证的思维看待事物，取长补短，尝试组合出更有效的处理方法，成为辩证且有逻辑的体育专业人才。

第一节　功能性训练的界限

近年来，功能性训练在全球范围内受到广泛认可，无论在大众健身领域还是竞技体育领域，功能性训练均是热门话题，甚至被很多相关人士称为“必修训练”，然而，目前关于功能性训练还没有一个绝对权威和准确的“定义”。功能性训练的概念源于运动医学领域，更多出现在康复和物理治疗的处方中，其目的很明确，是让患者可以从治疗室重回生活或者竞技赛场。

在体育运动及健身训练中，教练员对功能性训练达成了简单共识：为达到目标进行的有针对性的训练。

这里的目标所指，应是一种“能力”。比如运动员希望在赛场上跑得更快，这无疑是一种“能力”，假设通过评估，发现运动员因髋关节稳定性不足，导致单腿支撑周期无法满足高质量奔跑的技术需求，这时进行的髋关节稳定训练就是该运动员的功能性训练，可以帮助他间接提高跑步技术，从而提升速度，这就是有针对性地提高选手“跑”的“能力”（图 1–1）。

图 1–1　跑步中的髋关节稳定

然而，假设训练者希望通过抗阻力训练完成肌肉围度增长，则不属于功能性训练。一是因为在传统竞技以及大众健身领域，肌肉围度过大对于身体功能及运动表现的意义并不明显，在生活中或者大多数竞技项目中，训练者的肌肉围度过大往往限制综合的运动表现；二是因为增肌的训练中很多动作是单关节，或者依赖外部支撑座椅或躺椅等（图 1–2）。这些方式可以让训练者更好地集中于目标肌群发力，但却不具备功能性，因为人们生活或运动场上没有这样的外部支撑，也不是靠单关节完成动作。因此，即使这些训练可以达到使肌肉围度增加的“目的”，大部分增肌训练的内容也不属于功能性训练。

图 1–2　有外部支撑的训练

第二节　功能性训练的意义

前一节提到的很多相关人士把功能性训练称为“必修训练”，虽然听起来有些夸张，但开展功能性训练无论对于运动员还是普通大众而言都是有意义的。

功能性训练主要的意义在于：

① 帮助身体功能出现障碍的人恢复健康；

② 帮助“运动员”提高运动表现；

③ 预防损伤。

一、恢复健康

由于工作或生活习惯不当往往会导致身体功能出现障碍，如久坐、缺乏运动会使髋关节活动受限，核心稳定性变差，进而导致执行俯身动作时，前屈更多依靠脊柱而非髋关节，因此动作会变得低效还易引发下背部疼痛。再如长期在不良姿势下使用手机和电脑，会使肩关节失去理想的生理位置，导致体态异常及肩关节稳定性下降，因此执行推和拉等动作时，上肢动作变得低效，还易引发肩肱节律异常（如手臂外展过程中，肩胛骨没有进行适当的上回旋配合肱骨运动）。不仅如此，上述两个例子中的人群在参与健身运动前，若不先恢复自身原有的“功能”，除了让健身效果大打折扣外，还会导致受伤风险的大幅提升。

二、提高运动表现

运动表现早已不是运动员的专属属性，随着体育和健身行业的发展，很多大众健身人群对运动表现的需求及赛场成绩的追求大大提高，各类运动俱乐部也如雨后春笋般涌现，如橄榄球、格斗、马术、网球、高尔夫等，对很多人来说，“体育活动”已经成为“竞技运动”，因此追求运动表现的群体也从运动员扩大到了大众参与者。

在体能训练中，各类运动的相似性远大于差异性。相似性在于绝大多数竞技项目除了健康体适能中包含的身体成分、柔韧性、肌力、肌耐力及心肺功能外，运动员还需要具备速度、爆发力、灵敏性、协调性、平衡能力等特质，这都属于经典体能训练的范畴。而那小部分的差异性，就包含了不同竞技项目中特有的“动作模式”，比如高尔夫选手开球和网球选手开球不同，虽然主要动作都是旋转，但发力模式有一些区别，因此动用的肌群和需要的身体能力也是有区别的，而这些差异性能力的提高，往往可以通过结合生物力学分析，统计出契合的功能性训练来实现。

三、预防损伤

公路自行车选手为了降低骑行中的风阻，需要长期在脊柱屈曲的姿势下进行骑行（图 1–3），这会使脊柱背侧的肌肉长期处在拉长状态，教练员不能更改运动员的骑行姿势（因为这个姿势是最有利于选手在比赛中取得好成绩的），但可以在他们的训练计划中加入躯干稳定状态下（脊柱背侧肌肉等长收缩）的髋关节伸展发力动作，这样可以更好地帮助自行车选手预防下背部肌群劳损。

图 1–3　骑行姿势

不仅是公路自行车选手，其他项目的选手都会经常出现一些“通病”，也就是常见易受伤部位，教练员都可以通过有针对性的功能性训练预防这些损伤。

第三节　功能性训练的优势

传统力量训练是非常有效的增加肌力的手段，也是各类训练的基础，但有些情况传统力量训练的迁移性较差，比如使用倒蹬机可以很好地提高下肢肌力，但对于起跳后落地时的损伤预防贡献极低。具体分析，首先落地动作是闭链运动（动作发生时肢体末端不可移动），而倒蹬机则是开链训练（动作发生时肢体末端可移动）；其次落地时对关节稳定性的需求远远超过使用倒蹬机；最后也是最重要的重心控制的区别，尤其是在赛场上，落地时可能会受到干扰，那么利用本体感觉调整姿势和重心的能力就尤为重要，而这显然是倒蹬机甚至是自由重量的深蹲都无法获得的。体能训练领域中著名机构美国国家体能协会（National Strength And Conditioning Association，简称 NSCA）的注册体能训练师教材《体能训练概论》中，也专设一个章节（代替模式和非传统阻力训练技巧）来介绍功能性训练，也是因为功能性训练的特性中有一些是传统力量训练及 SAQ 训练（速度、反应、灵敏训练）中不具备的，刚好可以进行训练上的互补。

功能性训练的优势主要体现在以下三点：

① 精准性；

② 有效性；

③ 高效性。

一、精准性

图 1-4　模特 T 台走秀的步伐

在训练者的动作质量不高时，教练员需要找到其动作“异常”的关键环节，而这个环节是导致接下来一系列代偿的原因，只有有针对性地解决这个功能性不足的问题，才能提高动作质量。举一个常见的例子，有些人日常走路会走出模特 T 台走秀步伐（图 1-4），模特是为了走秀而有意为之，而很多大众是因为功能性不足导致步态出了问题，通过观察发现这类人走路时会出现骨盆左右摆动，或躯干左右摆动调整重心的问题，这可能是由髋关节稳定性下降导致的，比如臀中肌无力，也可能是因为足弓塌陷，无论原因是什么（可以通过评估找到），长期用这样的方式行走都会增加下肢受伤的风险，如果带着这样的问题跑步，下肢损伤风险也会大幅升高。上述例子中，针对问题对其进行单腿的髋关节稳定性训练，就是通过功能性训练精准地提高动作质量。

二、有效性

功能性训练更强调完成动作模式，而非只锻炼某一块或几块肌肉。功能性训练之所以有效，是因为人们大脑中储存的是各种动作模式的执行方式，而非肌肉工作的方式，生活和运动场不是讲解肌肉起止点的解剖课程教室。比如，想拿起掉在地上的手机，大脑里想到的不会是用哪些肌肉驱动腿部动作走过去，再利用臀大肌和腘绳肌进行离心收缩来完成屈髋姿势，而只是“走”过去，“俯身”“捡”起来。功能性训练是通过动作模式的训练来提高执行动作的能力，而不是像传统力量训练那样，强调某几块肌肉的发力能力。

功能性训练更强调运动平面的复杂性，传统抗阻力动作更倾向于在相对单一的平面内做线性运动，比如卧推是水平面为主的动作，高位下拉是额状面为主的动作，而罗马尼亚硬拉则是矢状面为主的动作。但生活和运动场上，身体往往需要同时在多平面内完成更复杂的动作，教练员完全可以根据需求选择或是设计功能性训练的动作（图 1–5）。功能性训练正是因为“真实的”“拟态的”动作训练，才确保了训练的有效性及可迁移性。

图 1–5　功能性训练中复杂的运动平面

三、高效性

功能性训练的高效性体现在多关节协同完成一个有意义的动作。比如，起跳落地的缓冲，这并不是某一块肌肉或某一个关节完成的，而是通过下肢绝大部分肌肉共同参与，完成三个关节的缓冲动作，才能避免关节直接承受冲击力甚至摔倒。

试想，生活中或者运动场上，有哪一个动作是依靠单关节运动完成的？答案是几乎没有。那么在健身房中执行的那些单关节运动，其意义到底是什么呢？为什么健身爱好者这么钟爱那些单关节运动？追根溯源，应该是当年美国健美运动的兴起，单关节训练对局部肌肉的神经募集来说确实有很大优势，但对于整体的运动功能来说效果并不突出。这里并不是要否定一切单关节训练动作，而是更理性地将其视为提高训练者运动技能过程中的一个过渡阶段的训练，其目的主要是进行一些短板肌肉的强化，或为了平衡拮抗肌而进行的有目的的强化训练，为更好地完成多关节动作做铺垫或预防一些肌力不均衡导致的损伤。功能性训练主因为其多关节联动的特征，在同时可以调用更多肌肉的参与，无论是消耗能量还是健身其效率都会大幅提高。

小结：

功能性训练具有独特的意义和优势，因此无论大众健身人群还是高水平运动员都需要进行特定的功能性训练。功能训练就像是拟态训练，可以帮助训练者在特定环境下高效的执行动作，从而满足对生活或训练场上的动作需求。

思考题：

1. 功能性训练早期在哪个领域应用广泛，其目的是什么？
2. 哪类人群需要进行功能性训练？
3. 相比于传统抗阻力训练，功能性训练在哪些方面具有独特的优势？

第二章 “A·R·C·M”步步为营建立功能性

导言：了解体态（Proper Alignment）、关节活动度（Joint ROM）、核心稳定性（Core Stability）以及正确的动作模式（Correct Movement）等相关概念，贯彻有序建立运动能力的宗旨，明确任何动作模式均可还原为“基础动作元素”，掌握动作的进阶和退阶原则，并利用这些知识精准、科学地开展训练，不断贯彻科学训练的精神。

学习目标

1. 知识模块

- 了解人体运动能力的建立过程。
- 掌握如何将一个动作进行有效的进阶或退阶。
- 理解“基础运动元素”的理念。
- 理解动作模式是来自于“基础动作元素”的组合。

2. 能力模块

利用功能性训练的特性，以及基础运动元素的组合及拆分，合理安排训练的进阶或退阶，让训练者进行更精准、高效的训练。

3. 素养模块

通过对基础动作元素的组合，以及对动作的进阶和退阶原则的学习，理性分析训练动作的进阶、退阶以及适用人群，把训练动作视为“可编程”的内容并具备举一反三的能力。

第一节　运动能力的建立过程

运动是人类与生俱来的能力，遗传因素往往影响的是运动能力的上限，而不影响日常生活中的活动及简单的运动技能。除先天结构异常或儿时的严重损伤，大多数人日常生活中的活动受限和运动技能的不足往往是由后天的功能性退化造成的。人类婴儿阶段在无人教学的情况下会按顺序习得一系列动作，最先是卧位（仰卧、俯卧、侧卧）的四肢活动，随后可以用手支撑上半身，再慢慢学会翻身、爬行，这个阶段属于在地面上建立关节稳定性和活动度的过程。六个月左右躯干功能进一步强化便可以坐立，大概一岁的时候，学会单膝跪姿蹲和站等动作，之后髋关节的功能进一步提高，可以在无辅助下步行，随着年龄的进一步增长，学会了跑、跳、投掷等一系列动作。人们都是这样一步步建立好了运动能力，但为什么还会在成年后出现“功能性退化”呢？其中一个重要原因是受后天生活、工作中不良习惯的影响，比如久坐、不良姿势下过度使用电子产品等。

如果想重建缺失的功能性，可以模拟婴儿的“自我修行”方式。新生婴儿没有不良体态的问题，所以可以直接按顺序建立和发展运动能力。而成人，首先要做的就是调整体态，重新建立良好的体态（Proper Alignment）（补充：体态通常描述的是静态姿势的关节排列情况，事实上人体在活动时更需要的是动态控制姿势的能力，本书中提到的“体态”囊括了静态和动态的姿势控制）；随后是提高关节活动度及稳定性（Joint ROM and Core Stability），在四肢进行活动时，躯干、肩及髋关节需要建立理想的稳定性，并以此作为四肢活动的“支点”，形成有效的杠杆运动；在这之后便是建立正确的动作模式（Correct Movement），比如常见的动作模式有推、拉、蹲、旋转等。把以上4个部分的关键字缩写排列出来，就是本书中提出的A·R·C·M构建功能性的训练逻辑（图2-1）。

图2-1　A·R·C·M的能力建立次序

第二节 A·R·C·M原则

一、建立良好的体态（Proper Alignment）

静态下理想的体态从侧面观察可见耳、肩、髋、膝、踝基本在一条铅垂线上（图 2-2），但仅是静态下的良好体态不足以说明功能的良好，因此还要了解关节共轴的概念。功能性的关节共轴是指在中枢神经的控制下，肌肉激活处于平衡状态，动态神经肌肉处于稳定状态。由于先天结构异常造成的体态问题暂且不谈，只考虑因不良的姿势和习惯造成的后天的功能性退化。不良体态可能是由习惯、心理因素、情绪以及受伤或疾病等问题造成的。长久保持不良姿势，会慢慢使肌肉张力失衡，进而影响关节的排列。青春期的女孩比男孩驼背比例更高，原因可能是女孩的发育会让她们感到“不好意思”而故意的含胸。情绪方面的影响也比较容易理解，如果一个人感到悲观失落，就会“垂头丧气”；如果是乐观积极的状态，就会“昂首挺胸”。急性的情绪变化，会短暂影响姿势；而慢性的长期情绪问题会长时间影响身体的姿势，进而产生一系列的体态变化。疾病的问题也是如此，比如有慢性肠胃炎的人由于经常胃痛，可能会经常捂着肚子或双手叉腰，久而久之在日常生活中也会习惯性的驼背。

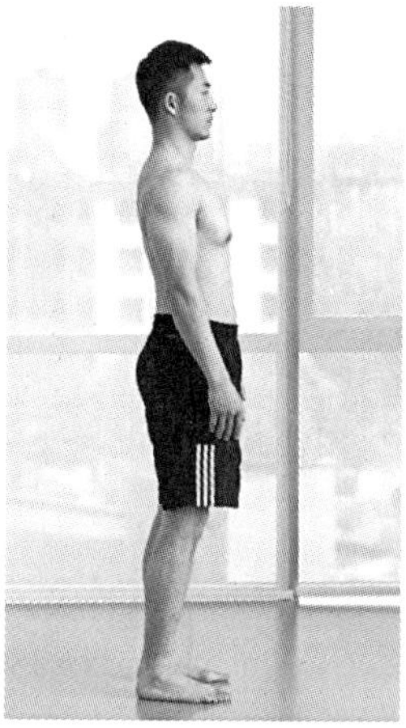

图 2-2　正确体态与常见体态问题

肌肉、骨骼的损伤与体态不良的关联性比较高。比如一个人在羽毛球运动中左踝扭伤，医生诊断没有骨骼损伤。伤愈后的半年没有任何疼痛，也可以进行运动，但是在以后的运动中很可能出现下肢功能性异常及惯性崴脚等问题，也可能会下意识地把重心偏移至健康一侧。在为他制订训练方案时，可以先筛查左侧的功能性并与右侧进行对照，如果发现问题，试着恢复他左侧踝关节灵活度，并加入稳定性训练及单侧训练强化本身感觉，最后建立良好的髋、膝、踝协同运动，从而改善下肢运动功能。

二、建立关节活动度及核心稳定性（Joint ROM and Core Stability）

关节活动度及核心稳定性会呈现相互制约和协同改善的状态，因此训练课程中经常会把活动度和稳定性放在一起进行训练。

关节活动度受限的原因可以分为两类：第一类是关节周围的组织（肌腱、肌肉、筋膜、关节囊）过于紧张（也可能是神经引起的），这类问题可以通过泡沫轴的 SMR（自我筋膜放松）、主动或被动拉伸、治疗师的手法放松等方式进行改善。第二类是关节稳定性不足导致的，这类情况就需要进行有针对性的功能性训练了。例如腰椎骨盆不稳定，髋关节的活动度就会受到影响，其原因是骨盆稳定性不足时髋关节的杠杆就失去了稳定的支点，股骨和骨盆的相对旋转运动因而就无法有效执行。此外腰椎和骨盆的稳定性不足时，临近的髋关节需要弥补这个稳定性缺失，周边肌群一直在较小的长度变化范围内进行收缩，进一步增加髋关节受限的状况。同理肩复合体稳定性不足，肩关节活动度也会受到影响。无论最初成因是第一类还是第二类，一段时间后都容易变成二者并存，并进一步影响动作模式。改善的思路便是利用各类技术放松组织并加入稳定性训练髋和肩复合体稳定性建立的前提是躯干的稳定。所以建议训练遵循图 2–3 的流程去发展稳定性，即先发展躯干稳定、再发展肩关节和髋关节稳定。

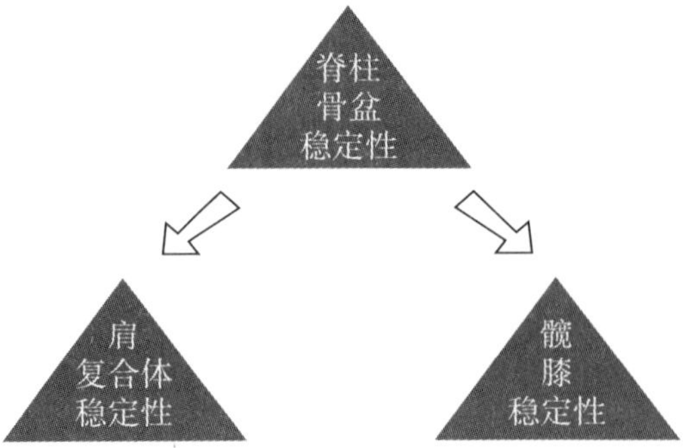

图 2–3　训练稳定性的流程

无论是关节活动度还是稳定性出现问题，都会降低训练动作的质量；而低质量的动作，会大大减少运动的收益，同时增加损伤风险。例如：关节活动度下降会导致动作执行的幅度变小（做功降低），或者在动作末端因为运动关节幅度受限导致临近关节代偿，诱发损伤。关节稳定性不足也会诱发一系列的代偿产生，影响动作质量，尤其在大负荷情况下。表 2–1 列举了关节活动度下降对常见训练动作的不利影响。

表 2–1　关节受限会影响到的部分训练动作

受限关节	受限动作	会影响到的训练动作
踝关节	足背屈受限	深蹲、弓箭步
髋关节	屈伸受限	硬拉、深蹲、壶铃摆举、高翻、抓举、弓箭步
	外展外旋受限	硬拉、深蹲、壶铃摆举、高翻、抓举、弓箭步
胸椎	伸展受限	肩上推举、助力推举、挺举等过头推举动作
	旋转受限	伐木、铲草、俄罗斯转体
肩复合体	肩胛骨上旋受限	过头推举系列、抓举、引体向上
	肱骨内、外旋受限	高拉、高翻、抓举

注：本书主要是功能性训练内容，因此表 2–1 中没有列举传统的器械抗阻力训练动作。

三、建立正确的动作模式（Correct Movement）

动作模式的划分本没有统一的标准说法，不同理论体系给出了不同的解释。但在推、拉、蹲方面的定义各个体系和机构基本没有什么分歧或争议（有些体系会把蹲定义为下肢推，而把硬拉定义成下肢拉）。本书的做法是把复杂动作拆分成基本元素（图 2–4），将训练者执行的动作分为原地执行和涉及位移两类。

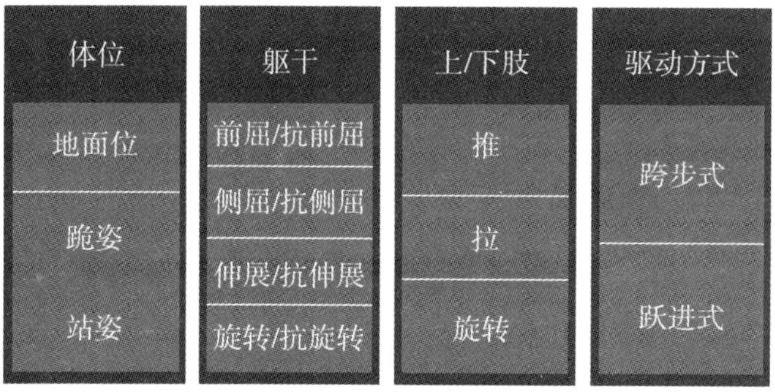

图 2–4 动作模式的基本元素

（一）原地执行

某一个“体位”下 +“躯干”在哪种状态下 +“上、下肢”进行了什么样的动作。例如：俯卧撑——在地面位进行 + 躯干抗伸展的状态下 + 上肢推动作。

（二）涉及位移

以原地执行方式叠加移动的驱动方式进行排列组合（某一个“体位”下 +“躯干”在哪种状态下 +“上、下肢”进行了什么样的动作 + 驱动方式）。例如：弓步实心球前推——在站姿状态下进行 + 躯干抗屈曲的状态下 + 上肢推动作 + 跨步式向前。

接下来只需要进行有针对性的组合，便可设计出契合训练者需求的动作。需要注意的是，结合生物力学调整阻力的方向和形式、力臂的变化特征、高速还是低速执行动作，这些都可以视为运动的变量。

第三节　动作模式的基本元素

本节主要对前文图 2–4 中列举的动作模式的基本元素进行详细介绍，了解这些元素的特征和难度关系，有助于为训练者设计进阶或退阶，找到适合的动作难度。在功能性训练中盲目进阶无法保证动作高质量执行，训练效果就大打折扣。同样，除耐力训练或代谢的训练外，过于轻松的训练也不建议，这样的训练在能力提升上略显低效。

一、体位

（一）地面体位

地面体位从易到难依次为卧位、坐姿位和支撑位。训练中应依照这样的顺序，先通过卧位训练构建躯干的稳定性基础；坐姿位躯干上的负载会增加，可以进一步加强躯干稳定性；当进阶到支撑位时，肩复关节合体、髋、膝关节的稳定性也将得到训练。

1. 卧位

躯干在地面或部分在地面，会分为仰卧、侧卧和俯卧。这三者难度对不同的人会有差异，三种卧姿无法得出一致的难度排序，如经常训练动作“死虫”（图 2–5）、臀桥都属于仰卧训练（图 2–6）。

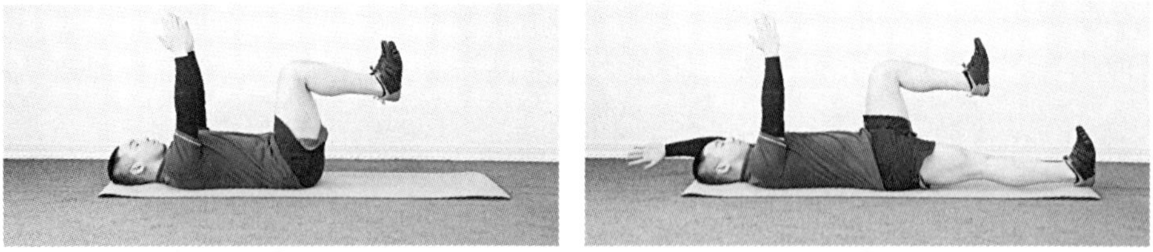

①　　②

图 2–5　“死虫”训练

图 2–6　臀桥训练

2. 坐姿位

坐骨位于地面，躯干未必是垂直于地面，可以有一定的倾斜角度。如经典健身动作“俄罗斯转体”（图 2-7）即是在坐姿下进行的躯干抗伸展训练。坐姿训练有时也会有一定的支撑辅助，以此降低动作执行时对核心肌群的要求，如半程土耳其起立（图 2-8）。

图 2-7　俄罗斯转体

图 2-8　半程土耳其起立

3. 支撑位

躯干完全离地，从难度上考虑上肢手撑支撑难度大于前臂撑；下肢脚部支撑难度大于膝关节支撑。如平板支撑（图 2-9）及其变式、侧支撑（图 2-10）都属于支撑位训练。

图 2-9　平板支撑

图 2-10　侧支撑

（二）跪姿体位

跪姿体位可分为双膝跪姿和单膝弓步跪姿，跪姿训练的主要收益是提高髋关节稳定性。需要了解的是两种不同跪姿的支撑面积（即身体与地面接触面积与接触的部位围成的底面积）存在差异，重心可活动的范围会受到影响，因此其保持稳定的难度也会有所不同。单膝弓步跪姿时底面积近似为钝角三角形，在受到前后方向上的力时表现的稳定性相对好，但受到横向的力却更难控制（图 2-11 ①），双膝跪姿则更容易维持姿势（图 2-11 ②）。在设计动作时，需要根据阻力的特征以及训练者的目标需求，选择适合的跪姿来提高训练者的髋关节稳定性。

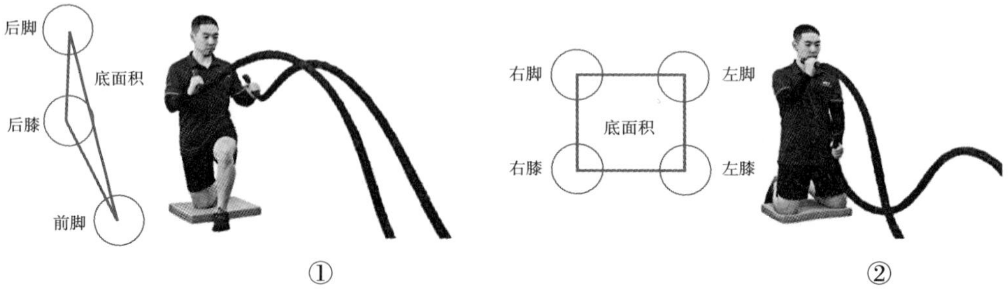

图 2-11 两种跪姿的底面积对比

（三）站姿体位

站姿体位不仅指单脚或者双脚站立，凡是用脚维持姿势的体位均可视为站姿体位。因此，站（髋、膝关节几乎完全伸展的姿势）和蹲（髋、膝关节有不同程度的屈曲，比如浅蹲、半蹲和全蹲）都属于站姿体位训练范畴。站和蹲的本质接近，均是由双脚完成的支撑姿势，只是重心高度不同。

在维持姿态稳定时，从肌肉发力的角度来说，深蹲的姿势（重心低）比较费力，而半蹲的姿势（重心高）则更省力，站直的姿势会更轻松一些。但是从维持身体平衡的角度来说，重心低则姿势更不容易被破坏，运动场上为了产生有效的身体对抗，运动员都会降低重心。另外一个影响姿态稳定性的因素是脚下支撑面积。如果想将一个“物体”推倒，只需要将物体重心的垂直投影移出支撑面即可。而如果被推的是人，因为人会通过调整姿势调整重心或支撑面积大小，将重心的垂直投影拉回到支撑面之内。比如一个并脚站立的人，如果有人从后方推他，他会迈出一只脚呈分腿站立姿势，实则就是在扩大脚下的底面积。支撑面积越大，重心的“容错性”越高，身体也越稳定。简单概括就是，双脚接近于肩宽的高位弓步最稳定（类似于格斗运动员的站姿），之后是双脚平行站姿，再增加难度就是双脚并拢，最难维持稳定的自然也就是单脚站立了。

二、躯干

躯干的状态可以简单概括为对抗动作和产生动作。训练时建议先练习对抗动作，再训练产生动作。就本质而言，对抗动作需要的是肌肉离心和等长收缩；而产生动作是向心收缩。从肌肉的特性来说，收缩速度相同时，同一块肌肉的离心和等长收缩的力量明显大于向心收缩。以躯干的前侧肌肉为例，平板支撑和前面提到的“死虫”训练（图 2–5），便是前侧肌肉的等长收缩与离心收缩，建立的是抗伸展能力；

而“卷腹”练习的是前侧肌肉向心收缩，是建立脊柱产生屈曲的动作。如果纯粹从动作模式的角度来说（抛开阻力大小和方向等其他变量），“死虫”的难度低于“卷腹”。所以通常会先练习“死虫”后练习“卷腹”，也就是先练习对抗动作的能力，再练习产生动作的能力。

三、上、下肢动作

上肢及下肢可以产生的动作主要是推、拉及旋转。通常把使物体远离身体或使身体远离物体的动作称为“推”；使物体靠近身体或身体靠近物体的动作称为“拉”。上、下肢的旋转要分别讨论：下肢旋转借由髋和足部发动，严格意义上讲单纯上肢动作无法造成身体旋转，旋转通常是借由足部、髋关节以及躯干的旋转发动，手只是作为动力链的末端完成最终发力。高尔夫球、棒球的双手挥杆击打动作，乒乓球的击球，格斗中的出拳等单手动作，其强力的旋转都是先由下肢或躯干发动，再传导到上肢最终完成技术动作。

四、驱动方式

驱动方式主要分为跨步式和跃进式。跨步式移动常见的有弓箭步行走、横向侧移深蹲；跃进式涉及双脚腾空阶段，比如高速冲刺奔跑、蛙跳等都涉及了双脚同时离地。在对关节的冲击力方面，跃进式大于跨步式，高质量动作的执行难度也会略高一些。因此在训练者的关节稳定和缓冲类动作模式有了不错的水平时，才建议安排驱动式的动作。

第四节　功能性训练的特征

与传统体能训练相比，功能性训练同样可以增加肌肉力量，不同的是功能性训练更注重功能性力量的发展，更像是“拟态”训练。为了使训练动作与“真实场景”更契合，功能性训练通常具备或同时具备下列特征，但大多情况是同时具备。

一、复杂的平面

功能性训练的动作涉及复杂的多平面是功能性训练很直观的特性。传统力量训练的运动平面相对单一。但无论是生活还是竞技场，人体大多数动作都是在多平面内进行的，哪怕是百米赛跑，运动员也时时刻刻在水平面上执行旋转和抗旋转的动作，甚至为了保持良好的重心位置，躯干还需要在额状面上进行小幅度的左右侧屈，在此基础上进行下肢的矢状面运动。

二、多关节运动

功能性训练的动作是多关节运动，无论日常生活还是运动场上，人们做动作时都是靠多关节协作来完成的。

三、非对称动作

功能性训练的动作涉及非对称性动作，比如推开一扇门、刷牙、吃饭、走路等都是在执行双侧不对称的动作。运动场上的投掷、出拳、足球的射门等也都是非对称的。

四、多元的阻力形式

功能性训练的动作具有多元化的阻力形式，在传统力量训练中，大部分对抗的都是负重物的重力。但是在类似地铁上刹车或者赛场上的身体对抗，阻力都不是像重力那样垂直向下的。

五、重心单元的控制

功能性训练的动作强调重心单元的控制，重心单元（Center of Gravity Unit，简称 CGU）可以理解为人和外物视为一个整体，这个整体的重心就是重心单元。一个身形相对匀称的人站立时重心大概在小腹的高度，但当此人产生动作后，身体的“形状”就发生了变化，这时重心位置也会改变。例如进行杠铃深蹲，人体和杠铃形成的整体重心基本只在上下移动；而当用壶铃执行摆举时(图2-12),在壶铃远离身体的过程中，重心单元不仅在上下移动,而且也会被壶铃“拉出去”进行前后移动。如果身体不做任何姿势的调整，就可能会向前跌倒，所以人体需要迅速做出反应。在壶铃运动的同时，身体也时刻做出相应的调整，让重心单元始终投影在支撑面积上方从而避免摔倒，这也可以训练到人体对外力的反馈。

图 2-12 壶铃摆举

六、四肢穿越身体中线的动作

功能性训练的工作涉及四肢穿越身体中线，在日常生活中，一个人的右手不可能永远只在身体右侧区域进行工作，脚也是如此。比如在运动场上的变向跑时会用到的交叉步，乒乓球和网球的反手击打动作都是四肢穿越中线的动作，那么训练便应该包含这些动作模式。

小结：

在进行体能训练时，训练者应具备身体的良好的功能性，否则会让训练变得低效甚至增加受伤风险。如果训练者功能性不足，应利用“ARCM”的思路一步步地打造训练者的功能性，并在训练过程中随时利用动作模式的基本元素进行进、退阶的调整，让训练者找到适合的训练难度，从而更高效地提高训练者的关节活动度及稳定性，并建立标准的动作模式，为日后高强度训练打下良好的基础。

思考题：

1. 提高稳定性时应遵循什么次序？

2. 关节活动度和稳定性是如何相互制约的？试着思考腰椎－胸椎－肩复合体的相互制约关系。

3. 功能性训练区别于传统抗阻力训练，从训练形式上来看，有哪些特征？

第三章 功能性训练的计划

导言：训练计划制订前要围绕训练者进行一系列的评估，再根据评估结果分析训练者需要提高哪些方面的能力，因人而异制订个性化的训练方案。除了制订合理的训练计划，教练员还需要指导训练者正确地执行计划，并在过程中根据训练者的训练反馈进行适当的调整，从而更好地实现训练目标，这要求教练员不仅要有良好的理论知识储备，还要有丰富的教学及实践经验。

学习目标

1. 知识模块

- 掌握功能性评估的流程和执行标准。
- 了解训练者功能障碍的成因及纠正思路。
- 学会用功能性训练进一步提高运动表现。

2. 能力模块

通过学习，学会用系统的评估来了解训练者可能存在的功能性缺失并有针对性地解决；能够设计以改善运动功能不足为目标的训练计划，以及以增加运动表现为目标的训练计划。

3. 素养模块

利用所学知识，客观地对训练者进行功能性评估，从而为更多训练者提供安全、有效、合理、人性化的训练计划，成为“实事求是”的专业的体育人才。

第一节　目标设定与功能性评估

在制订训练计划前至少要先进行两项工作：目标设定和评估。

一、目标设定

通常情况下，训练目标应该是由训练者提出的，但如果训练者提出的目标是不健康或不切实际的，那么就需要教练员帮其调整目标或制订新的训练目标，若不存在上述问题，教练员只需要配合训练者并帮助其实现自己的目标即可。根据训练者的训练目标选择具体的评估项目，评估结果有时会显示训练者目前的身体状态未必适合直接进行相应的训练内容。例如，一位办公室女性希望进行肌力训练以塑造臀部线条，那么髋伸类抗阻力训练将是必不可少的训练内容，如硬拉、臀推、壶铃摆举等。评估中教练员发现她因长期久坐导致髋关节活动受限，并在执行屈髋动作时伴随骨盆后倾，伸髋也无法达到理想的角度，这时进行硬拉训练会增加腰椎受伤风险。因此教练员需要先安排一些髋关节活动度训练和腰椎、骨盆的稳定训练作为阶段目标，而这部分内容则是对她的塑造臀部线条这一目标进行的铺垫，当解决了这些运动功能障碍，她就可以更安全、高效地完成目标。

二、评估

在训练计划的拟定时，不要为了做功能性训练而做功能性训练，一定要考虑训练者的实际情况。如果一名训练者没有运动功能缺失，那功能性训练就是一个可选方案，而不是必要方案。所以在为训练者制订功能性训练的计划前，必须要进行一些评估。

评估内容的选择没有“万金油模板”，因为根据训练者不同的目标需求，评估的内容会有针对性地选择。例如，训练者 A 喜欢长跑，那么心肺功能，下肢肌力、肌耐力，股后肌群的力量和柔韧性，下肢稳定性尤其是髋关节稳定性将是主要评估内容(当然也可能包括其他评估内容)；训练者 B 在公司篮球队是主力后卫，那他的评估就需要包含敏捷性元素，如 T 测试、30 米折返跑、纵跳等；训练者 C 是一位办公室白领，每天上下班开车，几乎不做任何运动，甚至日常生活中的走动都是很少的，他表示现在腰不太舒服，去医院检查没有任何的损伤，医生建议加强运动，这时教练员的评估就需要从下肢耐力、髋关节、胸椎活动度以及躯干稳定性入手，当然也会包括一些动作模式评估，用来观察训练者完成动作时身体的“策略”。

从以上的举例不难看出，训练目标不同则进行的评估内容很可能差别很大，因此需要理解评估的思维和思路。评估可以大体分为 3 类：

① 健康评估；

② 功能性评估；

③ 综合体能评估。

健康评估可以使用 PAR-Q 问卷、健康医疗问卷这类成熟工具，主要需要了解训练者的患病史、受伤史、家族疾病史、冠状动脉疾病（CAD）风险等，了解这些是为了明确训练者的综合健康水平，并确定可接受的强度上限，或是一些疾病的运动禁忌，相关内容在国际上各大知名注册教练机构的教材中都有提及（如 NSCA-CPT、ACSM-CPT 等），本书不做赘述。

综合体能评估也包含很多类别，在健康体适能方面有肌力、肌耐力、心肺耐力、体成分、柔韧性等评估，竞技体能方面还要兼顾爆发力、灵敏性、最大速度、反应、协调、平衡等。这些内容可以参照体能训练的书籍进行学习，本书也不做赘述。

功能性评估至少应包括体态、关节活动度、躯干的稳定性评估和动作模式的评估，下文将具体介绍这些功能性评估的执行方式。

（一）体态评估

如果一个人在不动时姿势已经很糟糕了，那么他动起来一定会放大这些问题。因此在功能性评估过程中首先观察体态问题。比较便捷的方法就是拍照，观察图片，拍照时需要有良好的参照物，除了体态评估专用的网格图，也可以利用一些“天然铅垂线”来进行参照，比如门框、房屋的柱子等，这些参照物都是垂直地面的。通过观察明确训练者姿势上存在的问题，有些问题只是“习惯”姿态，这类问题通过学习正确的姿势，并进行功能性训练来稳固住这些正确的姿势是很容易改善的，但有一些严重的体态问题需要配合一些物理治疗的手法，这不属于教练的工作范畴，所以该部分不做重点介绍，这方面的知识和技能可以在相关书籍或课程上进行更系统的学习。

（二）关节活动度评估

关节活动度测试是让训练者在无外负荷以及辅助的情况下，自己完成关节最大活动角度的测试，这与柔韧性测试有所区别，柔韧性测试通常是在一定外力或辅助下测试出关节的最大活动角度。可简单理解为关节活动度测试均为主动关节活动度测试，而柔韧性测试更多的是在外力推动下的被动活动度测试。这两类测试都有其意义，同时两类测试的成绩对照也可以为训练计划的设计提供依据。比如一个人的髋关节活动度成绩不理想，但柔韧性成绩很好，那对他进行髋关节周围肌群的拉伸可能无法得到理想的效果，而训练腰椎及骨盆的稳定性，并适当提升髋部肌群的力量可能才会有理想的效果。

物理治疗师和康复师通常会使用量角器对关节活动度进行评估，因为这样精准的评估结果可以给出更精确的治疗方案。但在私人教练或体能教练的工作中，进行双侧活动度对比的意义则更大。例如，双侧髋关节都轻微受限的人，在动作质量上可能要比那些只是左侧髋关节受限而右侧髋关节活动度正常的人要高。关节活动度很大程度的影响动作质量和训练的安全性，但训练前没必要测试所有关节所有方向上的活动度，一般来说可以重点围绕肩关节、胸椎、髋关节以及踝关节进行测试。

肩关节需要进行屈（图 3–1）、伸（图 3–2）、外旋（图 3–3）及内旋（图 3–4）活动度测试；胸椎进行旋转活动度测试（图 3–5）；髋关节进行屈（图 3–6）、伸（图 3–7）、外旋（图 3–8）及内旋（图 3–9）活动度测试；踝关节则进行背屈活动度测试（图 3–10）。

① ②

图 3–1　肩关节屈活动度测试

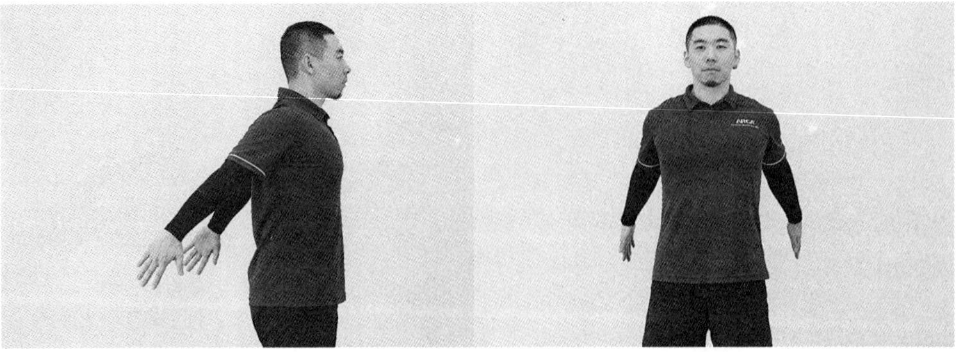

① ②

图 3–2　肩关节伸活动度测试

图 3–3 肩关节外旋活动度测试

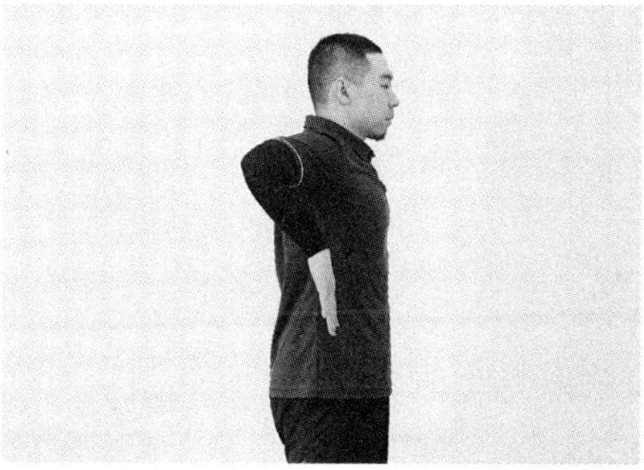

图 3–4 肩关节内旋活动度测试

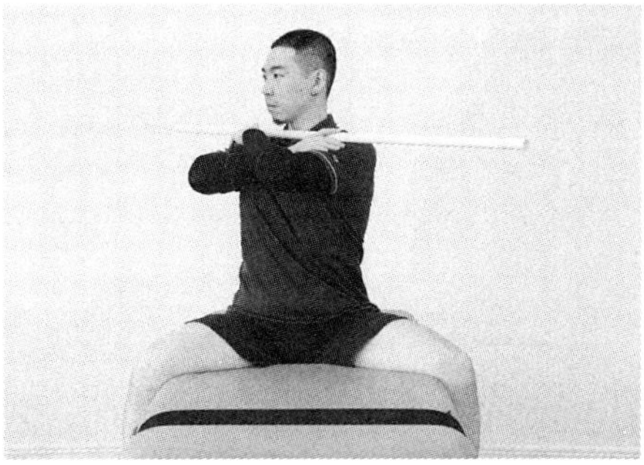

图 3–5 胸椎旋转活动度测试

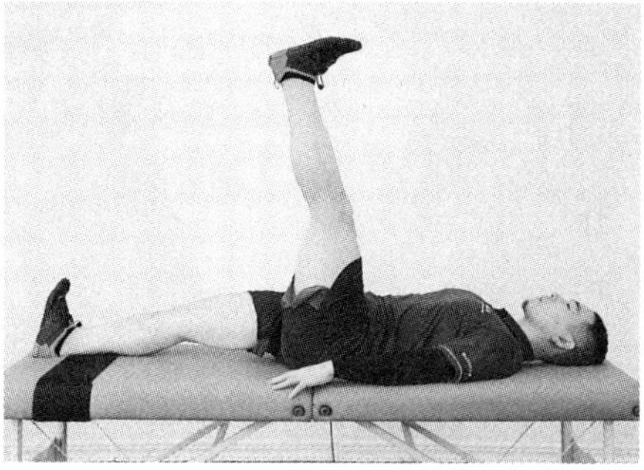

图 3–6 直腿髋屈活动度测试

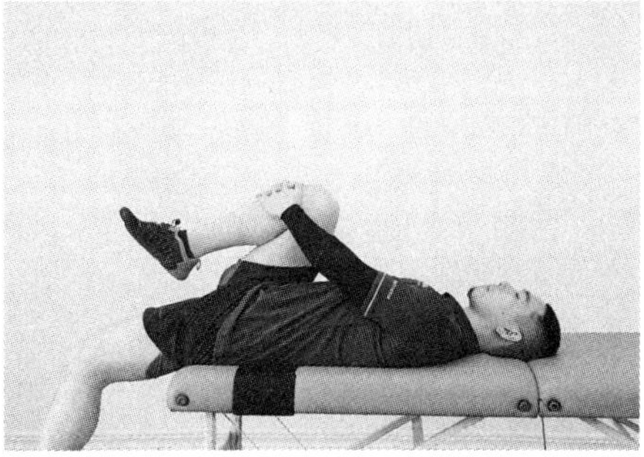

图 3–7 髋关节伸活动度测试

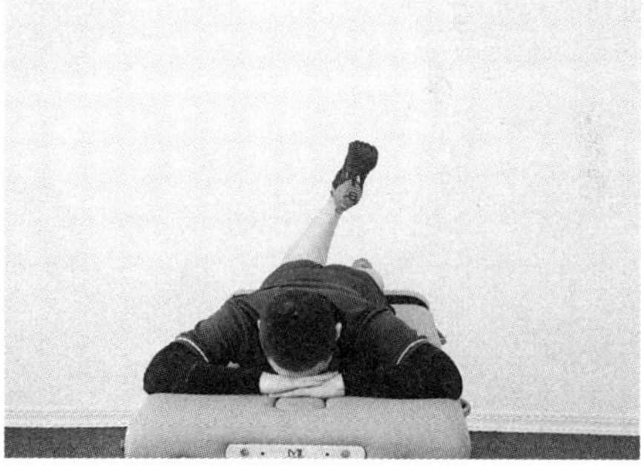

图 3–8 髋关节外旋活动度测试

图 3–9 髋关节内旋活动度测试

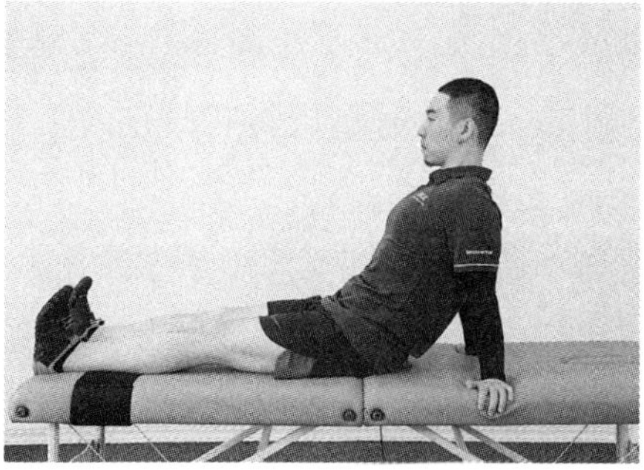

图 3–10 足关节背屈活动度测试

评估人员可以提前准备关节活动度评估表（表 3-1），对训练者完成以上测试的情况进行相应的打分。完成情况可以用 1~3 分标注：3 分为合格；2 分为轻微受限（完成幅度达到标准幅度的 90%），也就是接近却达不到标准线；1 分为严重受限（完成幅度低于标准幅度的 90%）。将训练者的成绩与表 3-1 进行对照，如果训练动作涉及的关节活动度测试为 3 分，便可以畅通无阻的安全训练；如果是 2 分，教练员就需要对动作进行一些调整，比如略微减小动作的执行幅度、热身时进行一些泡沫轴放松或拉伸；如果是 1 分，则不建议进行该动作的训练，因为潜在的动作代偿的影响会严重降低训练收益并增加损伤风险。

表 3-1　关节活动度评估表

关节	活动方式及参考值	左侧成绩（1~3）	右侧成绩（1~3）
肩关节	屈 180°		
	伸 40°		
	外旋 90°		
	内旋 70°		
胸椎	旋转 45°		
髋	屈（直腿）70°		
	伸 0°		
	外旋 45°		
	内旋 40°		
踝	背屈 20°		

（三）稳定性及动作模式评估

有很多的功能性训练体系都会用不同的方式进行稳定性和动作模式的评估，比如著名的 FMS 功能性动作筛查，这是一个非常好的筛查方式。但因为版权和专利工具涉及成本问题，很多从业者尤其是大众健身领域的从业者没有进行 FMS 的认证。下面将提供一种非常便利的筛查方式作为替代方案，即 FMPT 功能性动作评估。

FMPT 功能性动作评估包含 4 个动作测试，分别是平板支撑单手触肩、原地后弓步、哑铃垂直上推及体前悬挂深蹲。

1. 平板支撑单手触肩

平板支撑
单手触肩

评估功能：躯干抗伸展、抗旋转稳定性，肩复合体稳定性。

起始动作：双手双脚与肩同宽呈板式支撑（图 3-11 ①）。

动作过程：缓慢抬起一只手摸对侧肩膀，停顿 1~2 秒（图 3–11 ②）。评估人员需要观察测试者的髋部最突出部分是否会触碰“边界”，边界设置为被测试者髋部最外侧一拳的距离。教练可用双手设置边界，也可以摆放标记物设置边界（图 3–11 ③）。

①

②

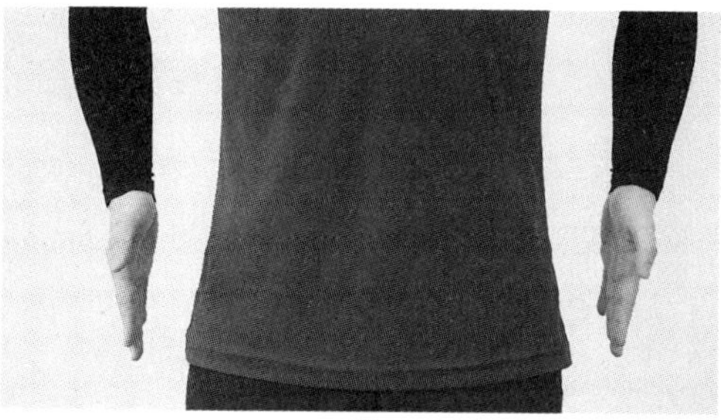

③

图 3–11　平板支撑单手触肩

2. 原地后弓步

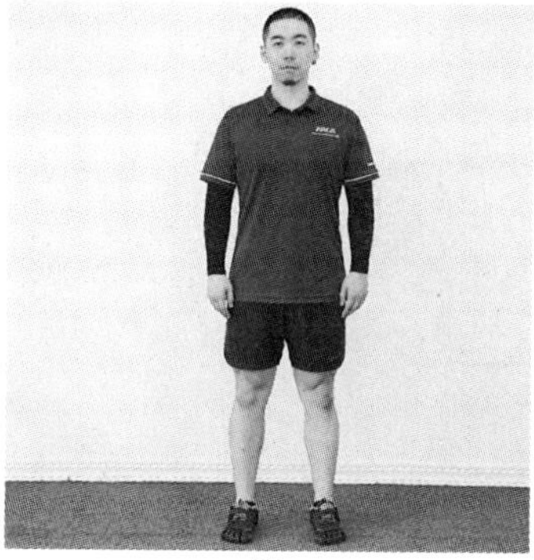

①

评估功能：髋膝关节稳定性，弓步动作模式。

起始动作：双脚与骨盆同宽站立（图 3–12 ①）。

动作过程：单脚后跨一步并完成弓步下蹲姿势，教练员按照评估表提示内容进行正面及侧面的观察（图 3–12 ②，图 3–12 ③）。

②

③

图 3–12　原地后弓步

3. 哑铃垂直上推

评估功能： 躯干抗伸展稳定性，肩复合体稳定性。

起始动作： 双脚与肩同宽，双手持哑铃于肩前方，双侧前臂平行且垂直于地面（图 3–13 ①）。测试选用受试者体重 8%~10% 的哑铃。

动作过程： 垂直上推哑铃至手臂伸直（图 3–13 ②，图 3–13 ③）。

①

②

③

图 3–13 哑铃垂直上推

4. 体前悬挂深蹲

评估功能： 肩复合体稳定性，髋膝关节稳定性，躯干抗屈曲稳定性，深蹲动作模式。

起始动作： 双脚与肩同宽，脚尖向外打开约 30°，双手提壶铃于身体前方。测试选用受试者体重 25%~30% 的壶铃或哑铃（图 3–14 ①）。

动作过程： 完成深蹲动作使壶铃或哑铃轻触地面后站起（图 3–14 ②，图 3–14 ③）。

①

②

③

图 3–14　体前悬挂深蹲

体前悬挂
深蹲

评估人员进行标准动作演示和尽可能简单的口令指导，目的是明确测试者仅通过观察动作后，直接进行模仿的完成情况，评估人员观察情况与表 3–2 中呈现出的错误动作进行对照，如果测试者在执行中出现任意一个状况，就在后面的空格处进行标记，随后明确测试者出现的问题，并做进一步详细的口令教学来规避前面出现的错误（注意：仅教学纠正，而不是做一些肌肉激活或紧张肌群的抑制这类纠正性训练，这样做的目的是明确这些“技术错误”到底是因为动作理解的问题，还是真正的功能性的不足），观察在口令纠正后问题是否依然存在，如果依然存在则再次进行标记并对照，口令纠正后有改善的那些项目则是日后训练中需要强调的技术要点，口令纠正后无改善则视为功能性不足，需要重点强化训练。

表 3-2 FMPT 动作评估表

平板支撑单手触肩			
躯干抗伸展稳定性评估	平板支撑时出现腰部塌陷或臀部抬高		
肩复合体稳定性评估	平板支撑时肩胛骨出现驼峰状		
躯干抗旋转稳定性评估	单手抬起后双侧骨盆无法维持同高		
	单手抬起后身体触碰“边界”		
原地后弓步			
髋膝稳定性评估	正面观察双脚宽度明显超过肩宽		
	正面观察前腿膝关节无法对准脚尖方向		
	正面观察后腿大腿无法垂直地面		
弓步动作模式异常	侧面观察前腿膝关节超过脚尖		
	侧面观察前腿小腿没有与躯干始终趋于平行		
哑铃垂直上推			
躯干抗伸展稳定性评估	动作执行时出现脊柱伸展动作		
肩复合体稳定性评估	侧面观察哑铃上推轨迹无法保持接近于直线		
	正面观察双手肘关节朝两侧打开		
	正面观察双侧前臂无法保持平行		
体前悬挂深蹲			
肩复合体稳定性评估	持壶铃出现肩胛骨前引		
躯干抗屈曲稳定性评估	持壶铃出现脊柱屈曲姿势		
髋膝稳定性评估	正面观察膝关节无法对准脚尖		
深蹲动作模式异常	髋膝踝无法协调配合产生动作		

（四）日常动作评估

在设计训练计划前除了上述的 4 个动作评估测试外，还有一个重要的评估思路即在日常训练中不断评估。在必要的技术教学后，训练者依然无法有质量地完成某个动作时，便可以利用上一章的功能性动作元素，把该动作进行“解剖”。

下面将用一个简单的案例示范：在充分的技术教学后，依然无法完成有质量的硬拉，那么便可以把硬拉动作进行分解，如图 3-15 标注的部分，硬拉可以描述为站姿状态下、躯干抗前屈的下肢拉。

这时便可以从下面的角度去考虑：

① 站姿训练的下肢稳定性基础是否足够；

② 躯干抗屈曲功能是否足够；

③ 下肢拉的腰椎骨盆稳定性是否足够。

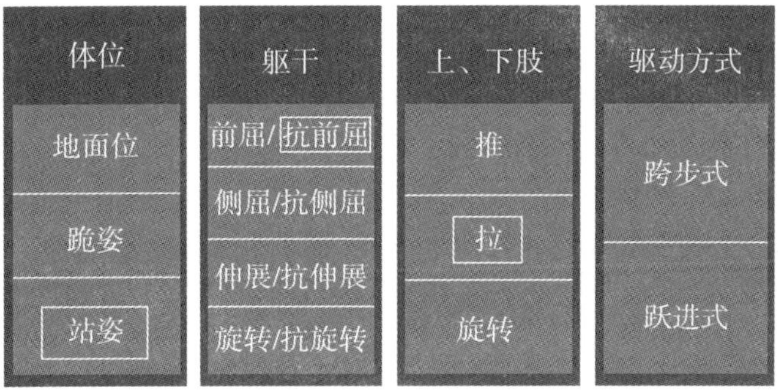

图 3-15　硬拉分解

在监督训练者训练时需要不断进行观察。这种观察不只是为了纠正动作中出现的问题，也是为了评估。一旦找到了训练者运动功能上的“短板”，就要考虑有计划地改善、提高这个“短板”。

第二节　训练动作的进退阶方式

每一位训练者的身体能力均有区别，这就决定了每一位训练者的训练起点均不同，即使通过系统的功能性评估明确训练者有哪些功能性不足，也无法确定哪一个动作一定可以很好地帮助他，难度挑战太大会严重影响动作质量，导致训练收益下降，而毫无挑战的简单动作对于问题的改善效果收效甚微，因此，在训练中往往要利用进退阶原则来调整动作难度。下面将列举出稳定性训练的推荐进阶次序，以及如何利用“功能性动作元素”中的体位元素进行训练动作难度的进退阶调整。

一、稳定性训练

稳定性训练按照形式和难易程度（由易到难），大体可以分为以下三类。

① 静态稳定性训练：训练者保持固定的姿势完成的稳定性训练，如侧支撑。

② 动态稳定性训练：动态动作中维持稳定的训练。比如俯卧撑动作就是肩关节的动态稳定训练，而土耳其起立几乎全程都在做全身关节的动态稳定训练。

③ 反馈稳定性训练：在外力干扰下，维持身体的静态稳定或动态稳定的训练。如果再进行细分，还可以分为可预判的干扰（通常是训练者可视的干扰，可以预判阻力的方向、干扰的形式等，可在干扰发生前做出前馈和不可预判的干扰（无法预知干扰，在受到干扰后的第一时间，利用本体感觉做出反馈）。

对于功能性训练来说，应该时刻强调三个区域的稳定，即脊柱骨盆稳定、肩复合体稳定（包含了胸锁关节、肩锁关节、盂肱关节以及肩胛胸壁关节）、髋膝联合稳定。只有近端的稳定，远端的活动度和力量才得以施展。通常稳定性训练是从脊柱及骨盆的稳定训练开始，再向上进行肩复合体稳定训练，向下进行髋膝稳定训练。

二、利用体位元素进行进退阶设计

训练中，身体不同体位对躯干稳定性要求有很大差别，比如卧推（卧位）对躯干的稳定性要求明显低于俯卧撑（支撑位）；下肢的器械倒蹬训练（卧位）对躯干的稳定性要求明显低于深蹲（站姿）。利用体位元素训练按照难易程度可分为以下三类（由易到难）。

（一）地面位

1. 卧位

躯干不离地或部分离地。

2. 坐姿位

坐骨在地面。
① 有支撑辅助；
② 无支撑辅助。

3. 支撑位

躯干完全离地。
① 上肢进阶：前臂支撑—手掌支撑；
② 下肢进阶：膝及脚支撑—脚掌支撑。

（二）跪姿

① 低位双膝跪姿（屈髋位，臀部坐在脚跟上）；
② 弓步单膝跪姿（通常采用 9090 式弓步，即单膝跪地，髋膝踝均接近 90°）；
③ 高位双膝跪姿（伸髋位，臀部位于膝关节正上方）。

（三）站姿

1. 双脚

① 站立（髋膝伸展）；
② 蹲（髋膝屈曲）。

2. 单脚

① 站立（髋膝伸展）；
② 蹲（髋膝屈曲）。

三、利用体位元素，进行进退阶训练实例

假设在评估中发现训练者的躯干抗伸展稳定性不足，那么便可以尝试从卧位进

行抗伸展训练，比如“死虫”训练（图 2–5）。随后进行坐姿的抗伸展训练，如俄罗斯转体，再增加难度则是支撑位的抗伸展训练，比如平板支撑。除了在地面位上进阶，跪姿和站姿的推类训练也可使躯干的抗伸展稳定性进一步提高。事实上每一位训练者的进阶速度快慢不一，所以有时候的进阶会跨过某些体位，呈现跳跃式的进步，当训练者已经可以很好地完成一些动作时，可以把该动作放在热身中，也可以加入到代谢消耗的训练中进行快节奏、多次数练习。

第三节 功能性训练的周期计划

一、功能性训练的四个阶段

周期化训练的思维同样适用于功能性训练，通常来讲功能性训练与其他动作类习得相同，可以划分为以下四个阶段。

① 动作习得阶段：发展稳定、耐力，并建立理想的动作模式。

② 力量阶段：发展肌力，尤其是在功能性动作中呈现的肌力，也有很多学者称它为“功能性力量训练”。

③ 爆发力阶段：提高功率输出，尤其是提高峰值功率。

④ 爆发耐力阶段：提高连续完成爆发性动作的能力，这与大部分竞技运动更为契合，如网球、篮球、羽毛球等。

二、功能性训练的动作选择

训练者具体可以从哪一阶段开始训练，取决于功能性评估的成绩，也就是说，训练的起点是由训练者客观的功能水平决定，而不应是训练者的主观意愿。需要指出的是，训练者应明确此时进行功能性训练的目的，是为了改善运动功能不足而作为主要训练形式，还是作为辅助训练项目，帮助训练者提高运动表现或预防运动损伤。下面会通过三类“典型”人群进行举例分析。

第一类是刚接触运动的新人。通过评估会发现这类人群存在许多运动功能不足的问题，那么对他们而言，功能性训练将从动作习得阶段开始，遵循上一章提到的ARCM原则，首先建立良好的体态，然后是提高关节活动度及核心稳定性，最后到上下肢的推、拉、旋转这些动作模式训练。在这些功能性不足没有进步到理想水平前，不建议对其进行更复杂的动作模式或更高强度的综合体能训练。

第二类是有训练基础的人，可能是健身爱好者，也可能是半职业或职业运动员，总之已经有了一定年限的训练经验。他们一般不会出现大量的功能性不足的问题，可能只有特定性的少数问题，那么只需要在他已有的训练计划中加入功能性训练即可。对于评估中出现的功能性问题，应回归到动作习得阶段，重新一步步完善其功能后再进行力量、爆发力，以及爆发耐力的训练，而在评估中呈现出功能良好的部分则无须进行干预。

第三类是训练有素的高水平训练者，这类人群在评估中几乎没有任何功能性问题，这说明他们现有的训练计划以及训练执行已经相对合理，理论上讲这类人群不需要进行功能性训练干预，如果在他们的训练计划中加入功能性训练，其目的可以是辅助提高运动表现及预防运动损伤。如果是提高运动表现，就要分析运动项目的特性，比如各种球拍类运动需要强调旋转爆发力，所以第九章药球训练的内容将很适合他们。如果是团队项目，比如篮球或橄榄球则应还要考虑运动员的位置及个人打法习惯。如果是预防运动损伤，则要分析所从事运动的力学特征，明确该项目运动员常见的损伤部位、损伤机制，以及易发生损伤的时间和环境等，再把有意义的功能性训练融入热身、训后或赛后的恢复中。

第四节　训练计划中的训练变量

从本质上讲，功能性训练也属于抗阻力训练，只是在阻力形式和训练动作方面与传统抗阻力训练有一些区别。因此，在设计功能性训练的课程时，依旧是围绕抗阻力训练中的那些变量进行安排，包括训练频率、训练的动作选择、训练动作的顺序、训练强度、训练量、组间歇、热身以及放松恢复。

一、训练频率

训练频率通常会以每周进行几次训练来描述。功能性训练可以与传统体能训练放在同一天进行，也可以分开进行，因此每周的功能性训练天数也需要进行相应的调整。如果与体能训练相组合，即在体能训练课程中加入功能性训练的部分，那训练频次与体能训练同步即可。如果是在动作习得阶段，把功能性训练作为独立训练课程，则推荐每周安排 3~4 次功能性训练。

二、训练动作的选择

训练动作的选择要参照评估的结果，时刻牢记功能性训练的目的是解决已知的特定功能性问题，而这些问题都会呈现在功能性评估的表格上。比如训练者需要解决抗旋转稳定性不足的问题，那么选择的功能性训练动作一定是能提高抗旋转稳定性的，优先考虑那些双侧不对称的动作形式或单侧训练的动作，之后再利用体位元素的进退阶方式，最终确定适合训练者当前水平的动作。

如果为专项运动员设计或选择功能性训练动作可以参照以下的思路：

① 明确功能性训练的目的，是提高专项运动能力还是预防运动损伤；

② 结合第一步的目的分析需要提高的属性或能力；

③ 把这些属性和能力进行组合，找到契合的功能性训练动作；

④ 考虑运动项目的主要能量系统进行强度以及训练间歇比的设定。

例如，公路自行车运动员在骑行时为了降低风阻，会长时间处于躯干屈曲姿势，这将会增加下背痛的风险，再结合公路自行车运动模式和比赛的特性，便可以罗列出一些关键问题。比如从功能性角度考虑，至少要训练躯干抗屈曲和下肢推（髋膝伸展）；从体能角度考虑，心肺功能、下肢肌肉的耐力、力量、爆发力、爆发耐力都需要训练。结合这些关键问题，脑海中会瞬间出现一个非常契合的动作——壶铃摆举，这恰是一个躯干抗屈曲的髋膝伸展发力的动作，而且壶铃本就是一个很好的训练爆发耐力和心肺功能的工具。事实上大量职业自行车运动员的训练中确实都加入了壶铃摆举这个训练。

三、训练动作的顺序

选择好了适合训练者的动作，接下来要考虑的便是在一次训练中，这些动作练习的先后次序。在完成热身后，通常建议把全身整体性的动作练习设置在训练课程的前半段，而集中进行躯干区域训练的动作应该放在训练课程的后半段。这是因为如果训练者躯干疲劳，几乎所有功能性动作的控制能力及稳定性都会有所下降，进而会影响后面动作的完成质量。训练动作的排序需要尽量遵循以下五个原则：

① 动作学习或有挑战性的内容安排在前面；

② 动作复杂性从高到低；

③ 训练强度从高到低；

④ 动作速度从高到低；

⑤ 集中在躯干的疲劳训练一般放在最后。

四、训练强度

训练强度往往通过该训练执行者所需的努力占其最大能力的百分比来界定，比如心肺训练的强度可以用最大摄氧量的百分比界定，抗阻力训练可以用 1RM（可以完成 1 次的最大重量）的百分比界定，功能性训练的强度也是如此，只不过功能性训练往往是混氧训练，无论是用最大摄氧量或极限心率百分比，还是用 1RM 的百分比似乎都不能准确界定，下面推荐两种界定强度的方式。

（一）主观强度评价

主观强度评价是指训练者自身对负荷的压力反馈，可以采用自感费力程度（Rating of Perceived Exertion，以下简称 RPE）来描述，分为 1~10+ 个等级。具体情况可参照表 3–3 中的内部强度和外部强度对照表。

（二）客观强度评价

在传统抗阻力训练中，外部强度可以直接用训练重量除以 1RM 进行计算，比如训练者 1RM 卧推为 120 公斤，训练中使用的是 80 公斤，那么训练强度即为 80/120=66.7%1RM。但在功能性训练中使用这样的方式会有一个问题，那就是动作速度。即使使用相同训练重量，执行速度越快功率就越高（功率 = 力 × 速度），强度也就越大，因此推荐用“标准动作的可完成次数”来界定训练强度，如果一种训练在某一负荷下，努力保证训练动作的标准仅可以完成 4 次，那么对于该训练者当前的训练无疑是高强度，相反，如果可以完成30次重复动作，依然可以保证动作的标准，那么对于该训练者这个训练的强度自然是比较低的。具体完成次数可参照表3–3中的内部强度和外部强度对照表。

表3–3 内部强度和外部强度对照表

强度描述	内部强度 RPE	外部强度可标准完成次数	举例
没有活动	1	—	静卧
非常轻微的活动	2	—	吃饭，坐着看书或办公
轻松的活动	3	—	散步等日常生活活动
轻松	4	50次以上	快走、骑车、低强度运动
中等	5	30~50次	做家务、中低强度运动
有些困难	6	18~30次	中等强度运动
比较困难	7	10~17次	中高强度运动
非常困难	8	6~9次	高强度运动
极度困难	9	3~5次	高强度运动
最大努力	10	1~2次	极限强度运动

训练计划具体采用的训练强度要考虑训练者当前所处周期，以及训练者的训练目标。如果是以改善运动功能不足的动作习得阶段，推荐采用RPE 5~6的范围，而功能性力量阶段推荐RPE 8~9的范围，爆发力训练强度的跨度较大，因为即使用较轻的重量执行极高的速度，依然可以达到很高的强度，因此RPE 5~8搭配不同的执行速度均可进行爆发力训练，而爆发耐力则不建议采用太高的强度，建议控制在RPE 6~7的范围。

五、训练量

训练量的计算需要对多个变量进行整合，包括训练组数、每组次数及训练采用的负重、RPE、持续时长等。在功能性训练的实际应用中，推荐使用以下两种方式进行训练量计算，分别适合不同类型的训练动作。

（一）RPE时长法

采用执行动作时的RPE乘以训练的时间，比如30秒一组的死虫训练进行了4组，过程中训练者的RPE描述为8，那么8×30×4=960（任意单位）便是死虫的训练量。

（二）抗阻力训练训练量计算法

用训练重量乘以该组次数，再把每一组加在一起。比如采用24公斤的壶铃进行了 20 次壶铃摆举，共完成 5 组，那么 24 × 20 × 5=2400（公斤）便是壶铃摆举的训练量；但如果训练者采用 24 公斤进行了两组训练，完成次数分别是 18 次和 19 次后又采用 20 公斤进行 3 组训练，完成次数均是 25，那么训练量则为 24 × (18+19)+20 × 25 × 3=2388（公斤）。但是这样简单的计算从理论上讲并不足够严谨，因为大部分功能性动作的轨迹是非线性的，每次重复动作时轨迹难以相同，如果从做功的角度分析需专业设备收集数据做更复杂的计算。因此以上所述的计算方法只是一种简单的估算供参考。

（三）如何使用训练量数据

明确了训练量的计算方式后，还要明确统计训练量的意义，训练量这个“数字”取决于执行者训练整体负荷，它的主要价值是帮助训练者调整训练计划，比如在强度不变的情况下将训练计划做进阶上调，便可以通过调整训练量来实现，需要注意的是过快的进阶幅度可能会诱发过度训练症状。如果训练者能够顺利完成当下训练内容，建议逐渐增加训练量，训练量上调每周不应超过 10%，建议在 5% 左右；而当训练者已经比较困难的完成当下的训练计划时，可以进行维持训练量或一些减量的操作。

功能性训练大多是全身整合的复杂动作，并且要求较高的核心区域控制，对神经肌肉控制能力要求较高，长时间训练会导致较多的疲劳，而过度疲劳又会影响动作质量，因此，除去热身和训后的恢复部分，课程的主训部分不建议超过 40 分钟（包括训练及组间休息时间），如果训练者提前出现因无法专注训练或显著疲劳导致的动作质量下降，应调整训练计划，把主训时间进一步缩短。

通常在一次训练中，一个训练动作做得组数越多，神经适应就会越强，后面几组训练的感受和收益效果就会下降，因此建议大众健身人群一个训练动作不要超过 6 组，这样更方便能把训练时间分配到其他训练动作上。而就职业运动员而言，由于其所从事专项的特殊性，一些非常重要的训练会执行 6~8 组，如球拍类或投掷类运动员旋转动作模式下的爆发力训练。由于单次训练时长的限制，具体选择的动作的数量以及相应的组数呈现负相关。

六、组间歇

功能性训练的组间歇要参照当前训练组的形式进行安排。

如果是规定每组完成特定次数的训练，可以借鉴抗阻力训练的组间歇安排，中等强度训练组间歇在 30~60 秒，如果是几个动作的循环训练，并且参与的肌群可以做交替休息，那么组间歇应该控制在 30 秒以内；中高强度训练组间歇可设置为

30~90 秒；而高强度或爆发力训练组间歇应该在 2~3 分钟。

如果是规定每组完成特定时间的训练，也可以采用训练间歇比进行组间歇的安排，中等强度训练可以设置为 1:1 到 1:2 之间，高强度训练可以设置到 1:3 到 1:5 的范围，而有些极高强度的爆发力训练甚至可能会达到 1:10 的训练间歇比。以上的组间歇推荐中没有涉及低强度训练，是因为功能性训练中如果采用低强度，大概率是长时间的循环训练，可以考虑 3:1（如 45 秒训练 15 秒休息）或 2:1（如 40 秒训练，20 秒休息）的训练间歇比，甚至可以不设组间歇。

无论训练中设置的是完成数量还是完成时间，需要明确的是所需组间歇的时长和运动强度是呈现正相关的，因为不同运动强度，功能系统的参与程度与配比会有区别。总的来说就是训练强度越高，组间歇时间越长；训练强度越低，组间歇时间越短。

七、热身

热身时按照下列顺序进行。

（一）筋膜放松

热身的顺序建议从筋膜放松开始，至少应该对受限关节处周围的肌群做泡沫轴滚动，每个位置可进行 10~15 次匀速滚动，紧张情况比较严重的部位可以多进行一组，当然如果时间允许，也可以花 5~10 分钟把全身主要肌群均进行滚动。泡沫轴具体的使用方法可参考第四章热身技术部分。

（二）伸展类热身

在功能性训练前静态拉伸不是必要的，除非受限情况十分严重，否则并不推荐进行静态拉伸，因为这可能在接下来的训练中影响肌肉力量和爆发力，更推荐使用动态伸展动作。动态伸展动作可参考第四章相关内容。

（三）激活类热身

选择一些训练者相对容易完成的“功能性训练动作”，而不应该是有挑战性的或不能很好执行的动作。

（四）灵敏性热身

最后加入一些灵敏性的热身使训练者的神经效率及专注度提高，比如使用敏捷梯进行步法训练，也可以加入反应训练，比如让训练者在听到不同的指令后快速做出一些约定好的反应动作，以提高其专注度。已有的研究表明，专注度下降会使运动中的损伤风险提高。

八、放松恢复

训练的主体部分结束后，进行放松恢复的益处良多。虽然已有研究显示拉伸并不能缓解延迟性肌肉酸痛（DOMS），但拉伸无论是从短期的疲劳恢复，还是从长期的预防损伤和提高运动表现的角度，均有理想的收效，所以训练后进行拉伸放松还是有必要的。另外，使用泡沫轴对肌肉进行一些定点按压或滚动也是不错的放松手段。如果有条件，被动的拉伸和运动按摩是更优的选择。

以上给出了训练计划中可能应用到的变量，并且给出了一些变量的推荐值或范围，在设计训练计划的过程中，一定要先围绕训练者的目标做好需求分析，并通过评估明确训练者的起点，操作这些训练变量编写合理的计划，就像是拟定起点到终点的优化路线，需要注意的是每一位训练者会存在个体差异，所以在参照以上训练变量时，可能需要进行一些微调以匹配训练者的能力和训练需求。

小结：

准确客观地评估训练者的关节活动度、稳定性、动作模式，有利于为训练者提供更有针对性的训练计划。训练者应时刻贯彻“无评估不训练”的重要原则，在动作的设计和选择方面，做到“有针对性”，选择的训练内容一定是适合自身需求，符合自身的水平，同时选择喜欢和易接受的形式。在实践中教练员可以尝试邀请训练者一起参与计划的制订，共同设计几组训练方案以供训练者选择，当训练者参与了选择，他执行训练的配合度会更高，训练动力会更强。另外，在按照计划训练的过程中，要时刻关注动作的质量，做到“在训练中评估”动作质量下降时应给出有效的提示，提示后依然无法提高动作质量，就要考虑是否是疲劳因素导致，应做出降低强度、增加间歇时间或调整成退阶训练的方式来保证“动作质量”。功能性训练应以动作质量为前提进行训练强度及训练量的提高。

思考题：

1. 为什么要进行功能性评估？
2. 实际训练动作中出现关节活动度受限可能会有哪些代偿机制及潜在风险？
3. 在安排一节功能性训练课程时，动作执行的先后次序应如何安排？

第四章 功能性训练前的准备

导言：同任何训练一样，功能性训练也有其安全事项，这些安全事项应是每一位教练员或训练者在训练中都时刻注意的。训练前需要明确场地面积或空间、温度、湿度、空气流通等方面是否符合训练要求，确保训练器材摆放合理有序，合理的为训练者分配场地以确保训练环境的安全。教练员也需要有运动防护意识，通过合理的热身安排做好更充分的身体准备。时刻明确只有最大限度地确保训练安全，才能在长期训练中保证良好的收益。

学习目标

1. 知识模块

- 明确适合功能性训练的场地、环境及安全事项。
- 明确训练者在训前应做哪些准备。
- 了解泡沫轴、激活、动态热身执行的目的和意义。
- 掌握热身技术及教学事项。

2. 能力模块

合理设置场地环境让训练者安全训练，根据训练者的需求设置热身内容，并精准熟练地完成技术教学。

3. 素养模块

通过本章学习，努力使自己成为思考全面、关注训练安全、关怀训练者的优秀体育人才。

第一节　场地、环境及安全事项

一、场地

功能性训练中，教练员需要考虑场地的材质、面积和训练方式的匹配性。功能性训练经常会有一些涉及多方向移动的动作，实际执行的训练内容不同也会对场地面积有不同的要求。如果执行原地训练，则需要的面积会相对固定。如果条件允许，为每一位训练者保留边长为 2.5 米的正方形空间，尤其是在团体训练中。如果场地空间有限，最少也应该为每一位训练者保留一个边长为训练者臂展长度的方形空间。地面材质方面，运动地板、功能性训练地胶、草皮、较硬的减震地胶都是具有广泛适用度的材质。需要注意以下三点：一是过软的减震地垫会影响训练者下肢发力，甚至会增加受伤的风险，例如扭伤脚踝；二是如果选用草皮应避免市面上的“装饰用假草”，这类产品的材质会比较薄且硬，遇水或汗均会增加滑倒的风险；三是在运动地板上进行壶铃训练时，要提前做好防护措施，避免壶铃落地损坏地面。

二、环境

在目前已有的研究中显示，室内训练环境温度保持在 22 ~ 25° C 是比较适合的（相关研究结论有的推荐 22~26° C，也有 22~25° C 和 20~25° C，本书中推荐温度为此类研究的交集部分）。较低的温度易导致运动损伤，而过高的温度会加速训练者体能的下降。潮湿的环境也会加速训练者体能下降，因此训练场相对湿度建议控制在 60% 以下。如果在户外进行训练，一定要考虑天气因素，尤其避免中暑，如果当天天气不适合训练应及时调整训练场地或时间。若是室内训练则应做好通风措施，确保空气流通。

三、安全事项

训练场地应定期消毒，保持清洁，打扫后要注意通风。较大的灰尘会导致空气质量下降，容易引发咽喉肿痛或发炎。如果是在运动地板或功能性训练地胶上进行训练，在训练前应确保地面干燥防滑。按照国际标准，训练场地应配备至少一台自动体外除颤器（AED），在训练期间应有具备急救技能和资质的人员在场。

第二节 训练者训练准备

一、服饰

在服装的选择上，比较推荐有一定弹性且相对贴身的衣服和裤子。过大的训练服可能会与小工具产生刮扯；过紧的衣服或裤子会限制动作执行。面料尽量选择速干型，功能性训练执行的动作经常会是全身性动作，所以出汗量会比常规抗阻力训练多。

二、运动鞋

教练员每次接触新的训练者（无论是运动员还是大众健身爱好者），都会花一些时间和训练者强调鞋子的选择，尤其在功能性训练这种全身整合的训练方式上。市面上常见的运动品牌都会有“综合训练鞋”，这类鞋比较适合功能性训练。如果地面条件允许可以建议训练者做一些赤足训练来强化足底功能，当然也可以考虑穿五指鞋进行训练。符合功能性训练的运动鞋应该具备以下条件：

① 鞋的前掌较宽：执行一些下肢关节伸展动作时，可以产生更好的蹬伸动作，并且脚趾在鞋内也不会“拥挤”以至于变形（鞋的前面过窄会提高拇外翻的风险）。

② 鞋的后跟有一定的对踝关节支撑设计：这样的设计有助于避免执行变向动作时扭伤脚踝，绝大部分训练鞋的侧面也有加固设计防止侧滑，毕竟训练不是一成不变的在“矢状面”上运行。

③ 更推荐穿着较硬且相对薄的鞋底（相比于慢跑鞋）：较软和厚的鞋底减震会更好，但不利于训练者自身“缓冲”技术的提高。

④ 足弓有一定的支撑：功能性训练大多时候都是“站着训练”，作为接触地面的身体部位——脚，如果不稳定，身体各个关节的排列就会产生蝴蝶效应，这对于动作质量和运动表现都会有很大的影响，足弓支撑显得尤为重要。

三、身体状态准备

功能性训练中主要工作的供能系统是糖酵解系统，因此不推荐空腹训练。餐后1小时内也应避免运动，因此，比较理想的训练时间是餐后2小时。如果训练时间与上一餐间隔较久，训练前可适当补充以碳水化合物为主的食物，进行加餐，以避免训练中出现血糖过低。

水分的补充也尤为重要，为了让身体达到水合状态（即运动者的体液达到平衡的状态），建议在训练前2小时内喝500毫升液态水，并根据出汗情况在运动中和运动后进行补水。通常情况下，运动中训练者"感受到"口渴是轻脱水的一种表现。训练后体重下降主要来自于水分流失，水的补充应该达到出汗量的120%，也就是说运动后体重下降500克，补充水分应该达到600克。通常在1小时左右的运动补充水即可，长时间运动或大量出汗的情况下，更推荐补充含有电解质的运动饮料。

最后是评估训练者当前状态，训练前教练员可以通过观察及询问的方式以了解训练者的身体状态。更准确的方式是通过一些测试，比如让训练者在测力台上执行5次连续跳跃，通过客观的数据横向对照来反馈当前身体状态。总之需要识别训练者目前的状态是正常还是处于疲劳或者其他状况，并根据训练者身体状态及时调整当天的训练计划。

四、特殊人群的运动禁忌

教练员需要对一些特殊人群，如大体重人群、孕期女性以及常见慢性病患者的运动禁忌有所了解。大体重人群在执行爆发力训练时，应避免冲击性动作。孕妇的重心不稳更容易跌倒，应避免不稳定的站姿训练，同时为了避免骨盆倒置应避免仰卧位训练。高血压人群应避免头的位置比心脏低，所以俯身动作的角度或幅度可能需要进行改良。而患有代谢类疾病、心脏病、呼吸类疾病的训练者应避免高强度训练。特别要指出以上人群训练前都应有良好的医疗检查，教练员可根据医嘱进行训练的调整。另外，如果训练者处在损伤或术后康复训练阶段，在没有学习过相关专业知识的情况下，建议推荐其找运动康复领域的专业人士进行训练。

第三节　训练前的热身

热身是任何训练都需要的前置准备，在大众健身领域里提到热身很多人想到的就只是心肺热身。虽然心肺热身可以很好地提高全身体温，让身体处在适合运动的状态，但只是心肺热身对于需要多关节、多平面进行运动的功能性训练来说是远远不够的。下面将列出目前训练领域内比较推崇的、适合于功能性训练的热身顺序，即泡沫轴放松—静态伸展（根据情况进行）—激活（灵活及稳定）—动态热身。

一、泡沫轴放松

泡沫轴滚动的原理类似于按摩，但效果不及相关专业人士进行的运动按摩，而为每位训练者配备一位物理治疗师或康复师显然是不现实的，因此泡沫轴是一种便利且有效的替代方案。训练前的泡沫轴滚动，可以降低肌肉组织的黏滞性，放松肌肉组织中一些“扳机点”。通过这种略带疼痛的按压或滚动方式，达到放松组织的目的。训练前使用泡沫轴可以在训练中提高运动状态，提升动作质量，长期坚持可以降低运动损伤风险。其实不只是训练前，训练后也可以用泡沫轴进行放松，就像物理治疗师的手法治疗，既可以用于训练前也可以用于训练后。

使用泡沫轴滚动需要注意力度。可以用一个简单的原则来衡量力度是否适合，那就是“舒适的疼痛感”。类似按摩,太轻的手法有点“敷衍”,无法达到放松的效果；太重的手法，激烈的疼痛感会引起神经紧张，非但无法起到放松效果，还会让训练者“缩成一团”，起到相反的效果。对于不同的人来说，这种舒适又疼痛的感觉无法用统一的量化标准来衡量，因此，训练者自身的感受尤为重要，教练员需要教会训练者自己用合适的力度找到“舒适的疼痛感”。由于放松动作基本都是以支撑的姿势使身体压在泡沫轴上方，利用自重完成“按摩”，因此有时对于一些大体重或者上肢力量相对差的训练者来说，这种方式并不友好，这时可以通过增加与地面支撑点来减少泡沫轴的按压力度，简单来说，就是降低附加在泡沫轴上的重量（只施加部分自身体重）。

训练前建议让训练者进行 5~10 分钟的泡沫轴放松，具体动作选择要根据当天的训练内容而定。每一个动作大概 30 秒的时间，当遇到一些“扳机点”，或特别痛的位置，也可以让训练者在此处稍作停留，推荐时间在 30~45 秒，通过深呼吸来放松以减少疼痛带来的紧张，下面列举出几种常用的泡沫轴放松方法。

（一）髋部肌群泡沫轴放松

1. 臀大肌放松

训练者将下肢摆成“4”字，身体向抬起腿的一侧略微倾斜，滚动位置在腰部以下到坐骨附近（图 4–1）。

图 4–1　臀大肌放松

2. 臀中肌放松

将被放松一侧的腿置于地面，使泡沫轴在臀部外侧进行滚动，滚动位置在股骨大转子与髂骨上缘之间（图 4–2）。

图 4–2　臀中肌放松

（二）腿部肌群泡沫轴放松

1. 大腿外侧放松

将泡沫轴放置在身体下方，泡沫轴的滚动范围应从髂前上棘的下方到膝关节上方，泡沫轴应在大腿的斜前方进行滚动（大腿正面与外侧面之间的区域），因为滚动范围较大，可进行分段滚动放松（图 4–3）。

图 4–3　大腿外侧放松

2. 大腿前侧放松

俯身呈平板撑姿势，使泡沫轴在大腿正前方，在膝关节和髋关节之间进行滚动（图 4-4）。

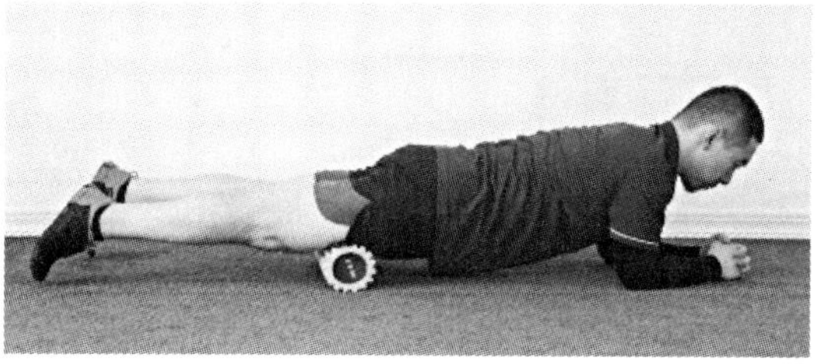

图 4-4　大腿前侧放松

3. 大腿内侧放松

把大腿内侧分为上、中、下 3 个部分，分别滚动 10 次左右（图 4-5）。

图 4-5　大腿内侧放松

4. 大腿后侧放松

对大腿后侧放松时，可用另一条腿进行“加压”，滚动区域主要集中在大腿中段到膝关节偏上位置（图 4-6）。

图 4-6　大腿后侧放松

5. 小腿后侧放松

使泡沫轴在小腿肌肉的肌腹部分滚动，尽量避免滚到肌腱位置（靠近足跟的区域），在相对疼痛的位置可做停留并慢速左右转动（图 4–7）。

图 4–7 小腿后侧放松

6. 小腿外侧放松

侧平板姿势，使泡沫轴在小腿外侧上下滚动，滚动范围在外踝与近端腓骨头之间，如果疼痛感强烈，可以用另外一条腿支撑地面以减轻压力（图 4–8）。

图 4–8 小腿外侧放松

7. 小腿前侧放松

双手及单脚支撑，使身体重心向被放松小腿一侧移动，泡沫轴在小腿前方偏外侧区域而非正前上方滚动（图 4–9）。滚动范围自胫骨粗隆内侧至外踝上方。

图 4–9 小腿前侧放松

（三）躯干及上肢肌群泡沫轴放松

1. 上背部放松

上背部放松分两种形式：一种是仰卧在泡沫轴上，双手托住头颈，泡沫轴在胸椎段滚动（图 4–10 ①）；另一种则是双手抱住对侧肩膀使肩胛骨充分前引（图 4–10 ②），使肩胛骨和脊柱之间的肌群更好的“裸露”出来，由于脊柱棘突的关系，滚动时可使身体小幅侧转，进行单侧的滚动，或直接更换类似花生球形状的泡沫轴进行放松练习。

①

②

图 4–10 上背部放松

2. 背阔肌及肩后部放松

侧卧使泡沫轴在腋窝下，身体向后转动 45° 。上下移动身体使泡沫轴按压背阔肌及肩后部肌群（图 4–11）。也可以保持身体不动，进行一些手臂的摆臂动作。

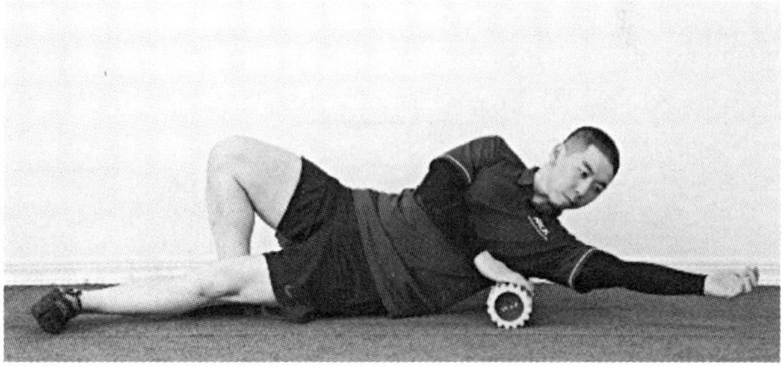

图 4–11 背阔肌及肩后部放松

3. 胸部及肩前部放松

俯卧在泡沫轴上，上臂外展上举移动身体使泡沫轴在胸部及肩部前方进行滚动（图 4–12）。

图 4–12 胸部及肩前部放松

4. 下背部放松

保持脊柱中立位，仰卧于泡沫轴上，使泡沫轴位于下背部，身体上下小幅滚动，也可以进行左右转动，按压两侧的腰方肌和竖脊肌，此动作对于一些腰部有隐患的训练者未必适合（图 4–13）。

图 4–13　下背部放松

二、静态伸展

前文提到，泡沫轴滚动练习后可进行静态伸展练习。虽然很多研究都指出静态拉伸后的一段时间内，力量和爆发力都会明显下降，因此训练前热身是否进行静态拉伸需要教练员根据训练者情况而定。不可否认的是静态拉伸对当天训练时的力量和爆发力均可能有影响，但对于某些柔韧性不足的环节预先进行延伸，提高关节运动幅度，对于预防受伤及提升动作质量是有帮助的。综上所述，如果训练者没有严重的肌肉紧张及关节受限问题，在热身时可以跳过静态伸展环节。

三、激活（灵活性及稳定性）

静态拉伸后进行动态热身类的整合热身，能够提升肌肉温度及心率，从而更好地为训练做准备。

目前比较受推崇的理念是“Joint–by–Joint”即关节功能交替的理念。该理念提出身体上从下至上相邻关节的主要功能是灵活与稳定交替呈现，踝关节—膝关节—髋关节—腰椎—胸椎—肩胛胸壁关节—盂肱关节，刚好是主灵活与主稳定交替呈现。至此，训练的激活思路就很清晰了，即激活的动作设计应注意膝关节、腰椎、肩胛的稳定性，提高踝关节、髋关节、胸椎、肩关节的灵活性。这里需要注意的是髋关节、肩胛胸壁关节及盂肱关节为特殊关节，因为这几个关节在运动中，是既需要灵活性又需要稳定性。下面将列举一些常见的激活动作，在执行时一般 15 次为一组，执行 1~2 组。

（一）踝关节激活训练

1. 足背屈灵活性

脚尖离墙面约 10 厘米，弓步跪姿，足跟贴地，尝试用膝关节轻轻触墙。如果可以完成触墙动作，则后退一段距离继续尝试，直到找到有挑战性的位置。为确保每一次活动幅度都能达到标准，建议训练者脱掉鞋子，以确保可以观察到足跟是否离开地面。换动作也可以多方向进行，比如膝关节顺着第五趾外侧方向进行触墙，或对准正前方（第二、三足趾间方向），或在踇趾内侧触墙（图 4–14）。执行该动作时最常见的错误就是前腿的足跟离地。

图 4–14　足背屈灵活性

2. 踝关节水平面灵活性训练

用半轴或其他道具垫高前脚掌，将支撑脚设置到足背屈的位置，支撑腿注意保持屈膝状态，利用另一条腿的摆动，使支撑脚踝产生轻微的左右旋转动作（图 4–15）。

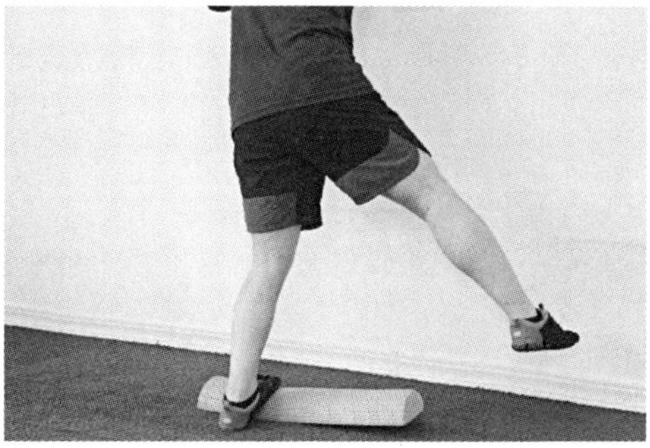

图 4–15　踝关节水平面灵活性训练

（二）髋关节激活训练

1. 分腿蹲（热身版本）

弓步跪姿，使骨盆中立或主动发力维持后倾（后倾的方式会更难）（图 4–16 ①），双腿均衡发力完成站立（图 4–16 ②），动作过程中要保持脊柱接近垂直于地面。部分训练者因受限，无法双腿完全伸直时，动作达到训练者感觉后腿的大腿前侧有明显牵拉感的位置即可。需要注意的是该动作和腿部力量训练中的分腿蹲有区别，作为力量训练，身体重心应该更靠近前腿，更多地依赖前腿产生蹬地力量，而此处的热身动作只是利用分腿姿势进行闭链的伸髋动作使髋屈肌群得到理想的伸展，因此重心可以更靠近双腿之间位置。

①

②

图 4–16　分腿蹲（热身）

2. 垫高式深蹲

单腿垫高做下蹲姿势（图 4–17），前腿发力完成站立姿势，使双脚站在跳箱上。这样的方式可以使髋关节有更大的运动幅度。

图 4–17　垫高式深蹲

3. 燕式平衡

单腿站立，大幅度俯身并抬高后腿，使躯干和腿形成一条直线并尝试使其尽可能与地面平行（图 4–18）。这是一个集灵活性和稳定性于一体的动作，如果训练者不能很好地维持平衡，可用手扶辅助物的方式协助身体稳定。训练时保持支撑腿微屈并使膝关节对准脚尖方向，最为常见的错误是利用旋转代偿髋屈，此时动作会出现双侧骨盆无法保持相同高度的问题。

图 4–18 燕式平衡

4. 侧弓步蹲

从双脚并立的姿势侧跨一步完成下蹲，侧蹲时应避免躯干或骨盆侧倾，这样可以保证伸直腿一侧有更好的外展幅度。双脚分开达到 1.5~2 倍肩宽，运动过程中双脚无须再移动（图 4–19）。

图 4–19 侧弓步蹲

（三）胸椎激活训练

1. 胸椎旋转激活

胸椎旋转激活有两种方式，一种是四点支撑式胸椎旋转，练习时四点“支撑”，使脊柱处于中立位，手臂和大腿平行且均垂直于地面。单手搭在同侧耳朵上，肘向对侧手臂靠近躯干，再反向向上旋转，转动时，视线跟随手肘（图 4–20 ①）动作，执行时注意保持腰椎稳定，使旋转发生在胸椎段。另外一种方式是跪姿胸椎旋转、练习时身体重心往后移，使髋屈曲幅度增加，该动作可以更好地固定腰椎，更利于胸椎段的旋转（图 4–20 ②）。

① ②

图 4–20 胸椎旋转激活

2. 俯身胸椎旋转

屈髋、屈膝、俯身，使躯干接近平行于地面，双手掌心朝前（图 4–21 ①）。旋转胸椎，手臂转向身后，视线跟着运动的手，过程中保持髋和腰椎不产生动作（图 4–21 ②）。这个动作的好处在于在增加胸椎活动度的同时，还可以用于激活腰椎，增强髋关节的稳定性。

① ②

图 4–21 俯身胸椎旋转

（四）肩关节激活训练

1. 泡沫轴墙上推举

距离墙面约 50 厘米站立（身高较高手臂较长的训练者可以站得更远一些），前臂下压固定泡沫轴，使其在墙上上下滚动。动作执行时注意速度要缓慢，向上推举时尽可能达到极限幅度（肩屈达到 180°），此时肩胛骨应该处在前引及充分的上回旋位置，执行动作时保持躯干稳定，避免脊柱伸展（图 4–22）。

图 4–22 泡沫轴墙上推举

2. 肩伸活动度训练

坐姿，双手略宽于肩，掌心朝下按泡沫轴。将泡沫轴慢慢向后推出，在可控制范围内达到最大角度，随后慢速拉回还原并重复进行（图 4–23）。可采用杠铃增加难度，杠铃的转动会让控制难度增加。

图 4–23 肩伸活动度训练

3. “T”字、“Y”字伸展

俯身，躯干尽可能平行于地面，双手掌心朝前，前臂旋后（图 4–24 ①），双臂打开，向身体后方运动，使双臂与躯干呈“T”字形（图 4–24 ②）。执行时慢速且避免身体摇晃。“Y”字伸展动作类似，双臂朝斜上方打开，与躯干呈现“Y”字形。

①

②

图 4–24 “T”字伸展

四、动态热身

动态热身大多是在行进中进行，包括直线行进（前进或后退）或侧向行进。可以让训练者完成固定次数，也可以设置行进距离进行量化，比如行进 15 米或 20 米，下文将列举出常见的动态热身动作。

1. 摇篮步

抬起一条腿，双手分别抱在胫骨上下两端。发力尽量将膝关节拉到胸前，同时支撑腿髋关节充分伸展（图 4–25）。

图 4–25 摇篮步

摇篮步

2. **踢臀跑**

跑动中使脚跟向臀部运动（图 4–26）。

踢臀跑

图 4–26 踢臀跑

3. **直腿踢腿**

保持膝关节自然伸直，直腿抬高行走（图 4–27）。执行动作时尽量最大化髋屈动作，最小化脊柱屈动作。

直腿踢腿

图 4–27 直腿踢腿

4. 虫爬

屈髋、俯身、双手交替向前爬行（图 4–28 ①），直至训练者呈平板支撑姿势（图 4–28 ②），随后保持手不动，脚交替向前行走，臀逐渐抬高（图 4–28 ③），手脚交替进行向前移动，执行动作时尽量最大化髋屈动作，最小化脊柱屈动作。

虫爬

①

②

③

图 4–28　虫爬

5. 最伟大伸展（超级伸展）

向前跨一大步，下降身体呈前弓步（图 4–29 ①），俯身对侧手撑地，旋转躯干使同侧手肘尽量去碰同侧脚附近地面（图 4–29 ②），之后呼气反向旋转（图 4–29 ③），手回到地面，抬高臀部并使前面的腿尽量伸直（图 4–29 ④）。

①

②

最伟大伸展

③

④

图 4–29　最伟大伸展

6. 侧跨栏步

抬腿向外侧方向跨步，抬起的脚尽量超过支撑腿大腿中段高度，落地后另一条腿向内侧跨步，也可以设立障碍栏，高度接近大腿中段，如果原地进行，只需一个障碍栏左右交替进行（图 4–30）。

侧跨栏步

图 4–30　侧跨栏步

7. 侧弓步走

侧弓步走

侧向弓步，每次侧跨步均使双脚间距接近两倍肩宽，下蹲时一条腿屈膝，另外一条腿伸直，可单侧行进若干米后换另外一侧，也可以每步左右交替执行（图 4–31）。

图 4–31　侧弓步走

小结：

训练前要选择合适的场地和环境，并在团体训练开始前为训练者设置场地规则，一切从安全出发。作为教练员有义务指导训练者穿适当的鞋子和运动服饰。

合理安排训练前的热身可以使训练者进入更佳的状态，有效避免运动中出现损伤。热身时，除了执行可以使体温升高的心肺热身，还要根据训练的主体内容设计适当的热身流程及动作安排，有序（可选）热身。

思考题：

1. 为什么在第一次功能性训练课程前，要对训练者进行一些运动鞋及服饰的推荐？

2. 训练前的静态拉伸有什么弊端？训练者出现什么情况时，才会在其热身部分加入静态拉伸内容？

3. 训练前为什么要使用泡沫轴或其他形式抑制紧张的肌肉？

第五章 徒手及稳定球训练

导言：徒手训练是十分常见的功能性训练形式之一，稳定球训练则往往是徒手训练的进阶，这两种训练形式大部分动作都简单易执行，但通过进阶设计，训练难度的上限也可以很高。那些训练中简单的动作可以安排入门级训练者，而其中一些对身体控制要求较高的动作应安排给运动能力较强的高阶训练者。

学习目标

1.知识模块

- 了解徒手及稳定球训练的优势。
- 根据训练者对身体不同区域的稳定性需求选择训练动作。

2.能力模块

掌握徒手训练及稳定球训练动作的执行标准，通过长期对训练动作的练习，提高自身稳定性及动作质量，以便为训练者演示及教学。

3.素养模块

通过有计划、有规律的训练实践，强化自身体质及运动表现，努力使自己成为训练有素、教学能力突出的优秀教练员。

第一节　徒手及稳定球训练的意义

徒手训练最大的优势在于便利，同样稳定球也是常见的高性价比的训练工具。这两种训练方式对场地空间的要求都相对较低，2 平方米的空间就可执行，因此无论在健身房还是在家中，都可以开展。

很多人认为徒手训练或稳定球训练只是简单的“入门训练”，实则不然，这两类训练的难度都有非常平滑的跨度，从简单到难可以不断进阶。二者训练体系也在不断更新，近些年国际上的学者在徒手训练上做了很多创新，例如“野兽训练”（训练者通过一些动作来模仿野兽移动，对提高关节稳定性和灵活性有很好的帮助）。又如通过不稳定的环境来训练稳定性，而稳定球就是一个非常容易获取的“不稳定环境”。举个例子：训练者执行平板支撑时，如果将前臂支撑在稳定球上，这个动作就会变得非常不容易，同时教练员还可以通过无规律地拍打稳定球，使其产生不稳定且无规律的变化，把动作难度进一步提高。

稳定性训练应重点关注躯干稳定性、肩复合体稳定性、腰椎 – 骨盆 – 髋复合体稳定性。基本的运动模式主要是上下肢的推、拉、旋转，本章列举的动作目的均在于提高这三个区域的稳定性和建立基础动作模式。除了本章列举的动作，稳定球上的训练动作可以衍生出很多变式，可以根据训练者的需求进行有意义的设计，但要注意盲目的追求难度未必是有意义的，不要把它变成表演“杂技”的工具。

第二节　徒手训练动作

本节的徒手训练动作以及第三节的稳定球训练动作中都包含了很多强化核心稳定性的训练动作，训练者在执行这类动作时容易下意识憋气，憋气虽然可以帮助腹内压稳定，协助维持脊柱的姿势，但也存在一定的风险，如会导致训练中血压大幅升高，这对于有心血管疾病、呼吸类疾病或血压偏高的亚健康训练者的风险尤为突出。另外，如果一个人的核心需要在憋气下才能维持稳定，那么这也不是真正意义上的稳定。因此训练者应使用如下呼吸方式，即在动作执行过程中的困难阶段通过呼气同时，激活腹壁肌群提供稳定，而在简单阶段进行吸气。比如在死虫训练中，在手脚向下放阶段（困难阶段）呼气，而在上抬还原阶段（简单阶段）吸气，这与抗阻力训练中的向心阶段时呼气（向心阶段是抗阻训练的困难阶段），离心阶段（简单阶段）吸气在本质上并无差异。

以下是对场地要求较低的常见徒手训练动作，在这些动作的基础上，训练者可以通过弹力带增加阻力，通过加入不稳定元素来增加动作难度，教练员也可以通过人为外力干扰的形式让训练增加更多的挑战。

一、死虫

训练目的：提高躯干抗伸展稳定性。

起始动作：训练者仰卧，手臂伸直垂直于地面，屈髋屈膝成90°（图5–1①）。

死虫

动作过程：缓慢呼气并收紧腹壁，收紧深层核心使腰部紧贴地面，同时将对侧手脚下降至接近地面但不接触地面，另一侧小腿时刻与地面保持平行（图5–1②）。

常见错误：腰部离地。

①　　②

图5–1　死虫

二、侧支撑

训练目的：提高躯干的抗侧屈及抗旋转稳定性。

动作过程：训练者前臂支撑地面，使肘关节位于肩关节下方，另一只手向上打开，目视手的方向，全身保持高度紧绷状态（图 5–2）。

常见错误：髋关节屈曲；髋部下沉无法保证全身笔直。

图 5–2　侧支撑

三、平板撑触肩

训练目的：提高躯干抗旋转及抗伸展的稳定性。

起始动作：手撑地面的平板支撑作为起始动作，双手双脚与肩同宽。

动作过程：缓慢呼气并收紧腹壁，慢慢抬起一只手，轻触对侧肩膀（图 5–3 ①），再慢速落回原地，交替执行。

常见错误：身体左右晃动；双侧骨盆不对称。

变化方式：退阶方式是采用前臂支撑作为起始动作，抬起单侧手向前伸进行抗旋转训练（图 5–3 ②）。

平板支撑

平板支撑退阶

①　　②

图 5–3　平板撑触肩及其退阶方式

四、俄罗斯转体

训练目的：提高躯干抗旋转及抗伸展的稳定性。

起始动作：坐姿，保持躯干挺拔，双脚踩实地面，双臂伸直，双手并拢于胸前（图 5–4）。

动作过程：身体微微后仰，呼气，慢慢向一侧旋转，旋转幅度推荐达到 40°左右（正常情况下胸椎旋转幅度），动作末端停顿，随后吸气并还原到中间位置，随后向另一侧转体。如果训练者胸椎活动度受限，可以略微减小旋转幅度。

常见错误：躯干无法保持中立位呈现屈曲姿势；双侧坐骨承重不均，如单侧臀虚坐；脚离地。

图 5–4　俄罗斯转体

俄罗斯转体

五、俯卧撑

训练目的：提高肩复合体稳定性、躯干抗伸展稳定性，练习上肢推的动作模式。

起始动作：俯卧于地面，双手略宽于肩，撑在胸部两侧，保持腿部及躯干呈一条直线，肩胛骨在中立位置，双手五指分开下压地面（图 5–5）。

图 5–5　俯卧撑

动作过程：胸部发力将躯干推起，并时刻保持躯干呈一条直线。

常见错误：躯干没有保持良好姿势。

变化方式：跪姿俯卧撑。

俯卧撑

六、早安式

早安式

训练目的：提高躯干抗屈曲稳定性。

起始动作：双脚开立与髋同宽，身体直立，如果训练者躯干稳定性较差，可以借助木棍进行练习。

动作过程：保持躯干稳定进行屈髋动作，同时微屈膝调整重心，同时训练者保持躯干中立位姿势，尽可能尝试更大的幅度直到躯干与地面平行。如果利用木棍辅助，应时刻保持后脑、胸椎、骶骨三点贴住木棍，同时腰椎保持理想生理弯曲（图 5–6）。

图 5–6　早安式

常见错误：躯干无法保持理想姿势、重心太靠前导致无法进行大幅度屈髋。

七、深蹲

训练目的：提高躯干抗屈曲稳定性、练习深蹲动作模式。

起始动作：双脚开立与肩同宽，脚尖向外打开 30° ~45° 。

动作过程：髋、膝、踝配合同时屈曲、下蹲，蹲至髋关节略低于膝关节或大腿上平面与地面平行的位置（图 5–7 ①），呼气慢速回到起始位置。

常见错误：下蹲时膝关节无法对准脚尖方向；下蹲时骨盆后倾（眨眼）或躯干屈曲；站起后过分伸髋式骨盆后倾。

变化方式：参照早安式借助木棍使训练者感知躯干姿势同时进行下蹲练习（图 5–7 ②）。

①　　②

深蹲

图 5–7　深蹲及其变化方式

八、分腿蹲（训练版）

训练目的：提高髋膝稳定性、练习弓步动作模式。

起始动作：单膝跪地，髋、膝、踝均接近 90°，双脚与骨盆同宽，前脚脚尖朝前，后脚前脚掌蹬地（图 5–8 ①）。

动作过程：重心前移，同时保证后腿大腿与躯干呈一条直线，避免屈髋（图 5–8 ②），随后前腿为主后腿为辅发力站起。

常见错误：不适宜的屈髋幅度；后脚无法保持前脚掌蹬地的姿势而采用全脚掌着地（常伴随后脚呈现“外八字”）。

变化方式：动作熟练后可顺势将后腿向前并步，然后后撤一大步再进行同样技术的分腿下蹲。该动作为后续进行弓步动作提供理想的关节稳定性。

图 5–8　分腿蹲

九、单腿上台阶

训练目的：提高髋膝稳定性，练习单腿蹲动作模式。

起始动作：单脚在台阶或跳箱上，身体前倾 10° ~ 20° 。保持后腿的髋膝充分伸展以避免后腿借力，前腿膝关节对准脚尖（图 5-9 ①）。

动作过程：呼气同时前腿蹬伸，后腿跟进站到跳箱上，随后吸气慢速向下落回到起始动作。

单腿上台阶

常见错误：前腿膝关节无法对准脚尖；后腿弯曲进行蓄力发力；躯干无法维持稳定。

变化方式：侧上台阶（图 5-9 ②），这样的训练对髋关节稳定性有更高的要求，尤其是对臀中肌维持髋关节稳定的能力有进一步强化。

① ②

单腿侧上台阶

图 5-9 单腿上台阶及其变化方式

第三节　稳定球训练动作

对于提高稳定性来说，稳定球是十分高效的训练工具，下面介绍的训练动作中有一些是在徒手训练动作基础上进行的进阶，因此应确保训练者在地面上能够执行较高的动作质量后再进行尝试。

一、稳定球上俯卧撑

训练目的：除常规俯卧撑训练收益，更加提高髋关节及躯干稳定性。

起始动作：俯卧于地面，屈膝，双脚依次上球（图 5–10 ①），稳定后推起身体，同时伸膝完成支撑姿势（图 5–10 ②）。

动作过程：采用常规俯卧撑技术，吸气控制身体慢慢向下，向下幅度推荐达到肘和背部平齐（图 5–10 ③），呼气上推回到初始姿势。

常见错误：由于在球上进行，训练者更容易因为努力控制稳定而憋气。

稳定球上俯卧撑

①

②

③

图 5–10　稳定球上俯卧撑

二、稳定球背伸训练

训练目的： 提高躯干抗屈曲稳定性，也可以帮助训练者建立更稳定的腹内压。

起始动作： 双脚踩地，腹部接触球顶。

动作过程： 双腿膝伸直，脊柱伸展至中立位置，可将双手抬起增加躯干的负载负荷（图 5-11 ①），保持静态姿势，过程中臂腿时刻保持发力状态。

常见错误： 下肢没有发力；身体姿态、脊柱尤其是头颈部过度伸展。

变化方式： 进行动态动作训练，呼气并执行脊柱伸展动作（图 5-11 ②），吸气，再向下回到起始姿势。

稳定球背伸

①

②

图 5-11　稳定球背伸训练

三、稳定球肘桥滚动

训练目的：提高脊柱抗伸展稳定性、提高肩复合体稳定性。

起始动作：跪姿，双脚脚掌蹬地以减少膝关节所承重量，躯干保持中立位，肩、肘关节 90° 屈曲（图 5-12 ①）。

动作过程：缓慢呼气并收紧腹壁，双手前推让球向前滚动，躯干保持稳定并向前、向下移动，动作末端髋关节应处在伸展位置（图 5-12 ②），吸气慢速还原至起始动作。

常见错误：屈髋幅度大，身体重心更靠下肢，这会降低躯干负载，降低运动收益。

稳定球肘桥滚动

①

②

图 5-12 稳定球肘桥滚动

四、稳定球上直腿臀桥

训练目的：提高脊柱抗屈曲稳定性，提高髋关节稳定性。

起始动作：屈髋仰卧，双脚脚跟置于球顶（图 5–13 ①），双手朝两侧打开并给地面施加一定的压力，以协助姿势稳定（推荐肩关节外旋，手掌向上）。

动作过程：呼气同时髋部上抬使身体呈一条直线（图 5–13 ②），吸气控制下落，如果可以，尽量让训练者的臀部保持离地。

常见错误：腰椎伸展（挺起腹部）。

变化形式：双手离开地面，进一步强化训练者的稳定性，有些训练者会觉得颈部有压痛感，初学者慎用。

稳定球上直腿臀桥

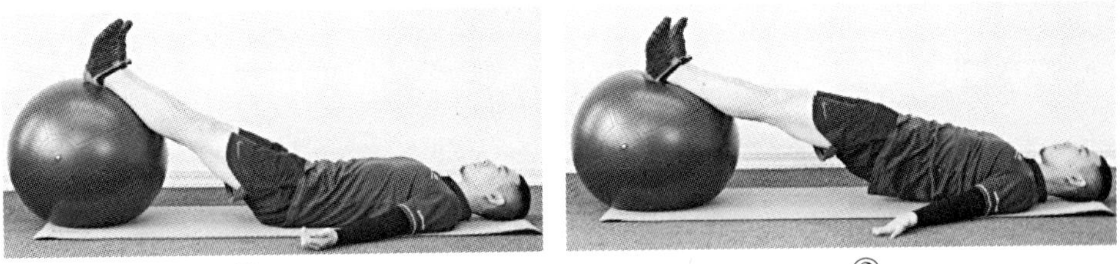

① ②

图 5–13 稳定球上直腿臀桥

五、稳定球上屈腿臀桥

训练目的：提高脊柱抗屈曲稳定性、髋关节稳定性，以及股后肌群力量。

起始动作：仰卧，脚跟置于球顶，身体呈一条直线，双手下压地面（图 5–14 ①）。

动作过程：保持伸髋状态下，呼气同时屈膝将球拉近臀部方向（图 5–14 ②），吸气还原至其起始姿势。

常见错误：屈膝同时屈髋，降低训练收益。

变化形势：双手离地，增加身体进一步的稳定性挑战。

注意事项：动作过程中身体呈“半倒立状态”（图 5–14 ②），有高血压风险人群慎做；由于力学机制，颈部承重较多，颈部不适者慎做。

稳定球上屈腿臀桥

① ②

图 5–14 稳定球上屈腿臀桥

六、稳定球长矛式

训练目的：提高躯干抗伸展稳定性，提高肩复合体及髋关节稳定性。

起始动作：双脚前脚掌置于球上，双手撑地，身体呈一条直线（图 5–15 ①）。

动作过程：呼气同时屈髋抬高臀部，使球向前滚动，全身肌肉高度紧绷发力，尽可能大幅度屈髋（图 5–15 ②），想象臀部是“长矛”的矛头，刺向天空吸气缓速还原。

常见错误：出现明显的骨盆后倾或脊柱屈曲。

注意事项：动作过程中身体呈“半倒立状态”，高血压的风险人群慎做。

稳定球
长矛式

①

②

图 5–15　稳定球长矛式

小结：

徒手及稳定球训练作为方便又有效的灵活及稳定性训练，可以让各种水平的训练者得到收益。安排计划时，只需根据训练者的运动水平合理设置进阶与退阶便可实现。需要注意的是，因为训练的目的是提高稳定性，所以训练中应时刻保持低速度且有控制地执行动作，快速执行会让身体在即将失去稳定时“蒙混过关”，这样也就违背了稳定性训练的初衷。

思考题：

1. 为什么在稳定球上训练可以更有效地提高身体的稳定性？

2. 举例思考稳定性训练为什么不只是新手的专利，高水平运动员也有明显收益。

3. 除了本章介绍的稳定球训练，还可以在哪些徒手训练动作中加入稳定球来使动作有意义、有目的的进阶，试着设计 3 个动作。

第六章 能量包训练

导言：能量包具有很多优势，如训练安全有效、设备耐用、设备的持握方式和重心位置更“真实”等，它既可以执行稳定性训练，又可以执行功率输出训练，尤其适合团体训练。了解能量包设备的分类及训练原则有助于充分发挥能量包的训练优势，帮助不同训练者达到其训练目标。

学习目标

1. 知识模块

- 了解能量包的类型及训练优势。
- 为达到提高身体功能的不同需求进行训练动作的选择。

2. 能力模块

通过对能量包训练动作的练习，掌握动作的执行标准，强化自身训练技术，并能高质量地完成动作演示，以便为训练者演示及教学。

3. 素养模块

通过有计划、有规律的训练强化自身体质及运动表现，努力使自己成为训练有素、教学能力强的优秀教练员。

第一节　能量包的分类及训练优势

一、能量包的分类

常见的训练能量包有三类，分别是柱形能量包（图 6–1 ①）、牛角包（图 6–1 ②）和不稳定沙包（图 6–1 ③）。其中，柱形能量包与牛角包都是均匀的实心填充包，但形状与握把位置有所区别；而不稳定沙包通常填充的是适量沙子，这样会使沙包的重心不断变化。还有些能量包填充液体，因此这样设备内的重量会变得非常不稳定，可以大大增加使用者稳定性训练难度。

①

②

③

图 6–1　柱形能量包、牛角包和不稳定沙包

二、能量包训练的优势

能量包是一个“负重物”，但它和哑铃、杠铃有很多区别。第一，它是软质材质，在执行爆发力训练时（如高翻、深蹲跳），相比于杠铃更为柔软安全。第二，能量包的持握方式较多，能量包重心与身体的相对位置也较为多样，使其更贴近生活中和在竞技场上的真实情况（杠铃与哑铃的形状都是严格对称，重心在器械的正中间）。第三，在长度方面，能量包比杠铃短很多，更适合做旋转类动作的训练（特别是牛角包）。拎起握把时，能量包的重心不在手中，运动时会产生额外的惯性，这一点和壶铃是类似的，训练者动作停止后，能量包会因惯性继续运动，可以更好地强化训练者的稳定性和对抗外力的能力。第四，相比于传统负重训练具有更安全、场地的需求更小的优点。基于以上特性，能量包也很适合团体训练。

综上，能量包的优势体现为：

① 安全，受伤风险低；

② 更真实的阻力形式；

③ 适合旋转类动作；

④ 特殊的身体稳定性收益；

⑤ 更适合团体训练。

第二节　能量包训练动作

一、跪姿硬拉

训练目的： 强化腰椎及骨盆稳定，建立髋屈伸基本动作模式。

起始动作： 跪姿，双膝与髋同宽，俯身同时双手钩握拉带，保持脊柱中立（图 6–2 ①）。

动作过程： 呼气，髋部伸展并向前移动，使髋关节位于膝关节上方，躯干与大腿呈一条直线（图 6–2 ②）。吸气，屈髋并后移髋部，俯身将能量包放回地面。

常见错误： 弓背、圆肩等不良脊柱姿势。

变化形势： 如果因训练者手臂较长导致身体直立后能量包无法离地，可考虑肘部微屈或垫高膝部。

能量包跪姿硬拉

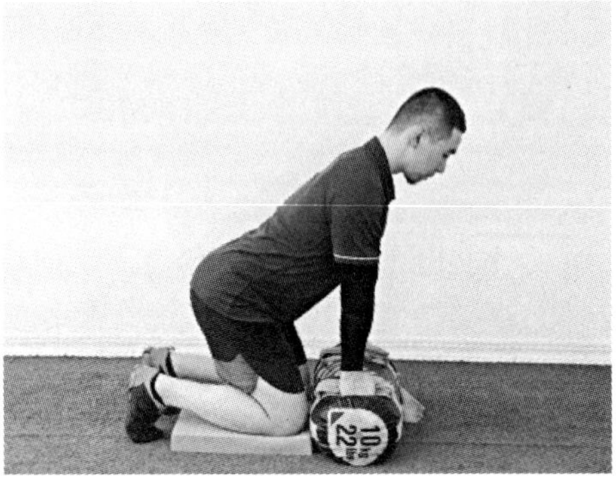

①

②

图 6–2　跪姿硬拉

二、站姿硬拉

训练目的：强化腰椎及骨盆稳定，提高髋屈活动度，建立髋屈伸动作模式。

起始动作：站姿，双脚与髋同宽，俯身同时双手钩握拉带，保持脊柱中立（图 6–3 ①）。

动作过程：呼气，伸髋完成站立动作（图 6–3 ②）；吸气，屈髋回到起始动作。

常见错误：弓背、圆肩等不良脊柱姿势。

补充说明：动作以建立腰椎骨盆稳定性为主，以提高髋屈活动度为辅，因此采用罗马尼亚硬拉技术或直腿硬拉技术均可，训练者完成较大幅度屈髋的同时保持脊柱在中立位即达到训练目的。

能量包站姿硬拉

①

②

图 6–3　站姿硬拉

三、能量包前蹲

训练目的：提高躯干稳定性并练习深蹲动作模式。

起始动作：站姿，双脚开立与肩同宽，能量包前架位，屈肘，手腕中立（图6–4 ①）。

动作过程：吸气，屈髋、屈膝、下蹲，并保持脊柱中立位，下蹲至髋略低于膝或骨盆即将后倾，这样的身体姿态可视为动作最底端（图 6–4 ②）。呼气，伸膝、伸髋还原到站立姿势。

常见错误：弓背、圆肩、膝内扣（或膝外翻）、脊柱过伸等不良脊柱姿势及下蹲幅度过大而导致骨盆后倾。

补充说明：前蹲和背蹲（手持拉带将能量包置于颈后及肩胛骨附近）动作的区别。除参与肌群募集的比例有差异外，主要区别在对于核心区域的刺激和身体姿势。执行前蹲时躯干前后的肌肉募集更均衡，而背蹲更倾向于背部肌肉。两者的姿势差异，主要是不同的负重位置使重心产生了变化，所以前蹲会让躯干更“直立”。以上区别并不是说前蹲就一定优于背蹲，只是从高效习得蹲类动作模式的角度来说，更推荐初学者先练习能量包的前蹲。

① ②

能量包前蹲

图 6–4　能量包前蹲

四、单侧负重深蹲

训练目的：提高躯干抗旋转、抗侧屈稳定性，提高髋关节稳定性。

起始动作：站姿，双脚开立与肩同宽，能量包前架位，屈肘，手腕中立，能量包负重于单侧肩膀上（图 6–5 ①）。

动作过程：吸气，屈髋、屈膝、下蹲，并保持脊柱中立位，下蹲至髋略低于膝或骨盆即将后倾，这样的身体姿态可视为动作最底端。呼气，伸膝、伸髋还原到站立姿势（图 6–5 ②）。

常见错误：弓背、圆肩、膝内扣（或膝外翻）、脊柱过伸等不良脊柱姿势及下蹲幅度过大而导致骨盆后倾，还容易出现脊柱侧屈，或重心偏移、骨盆旋转等。

能量包单侧负重深蹲

①

②

图 6–5　单侧负重深蹲

五、实力推

训练目的：增强上肢力量，训练肩复合体稳定性及躯干稳定性，尤其是躯干抗伸展稳定性。

起始动作：站姿使能量包前架位（图 6–6 ①）。

动作过程：呼气、保持躯干稳定，上肢孤立发力完成推举，尽可能垂直推举至头顶正上方（图 6–6 ②），动作过程中保持脊柱中立位，吸气。匀速有控制地将能量包还原至前架位。

常见错误：脊柱过分伸展，动作过快或有下肢助力动作。

能量包
实力推

①

②

图 6–6　实力推

六、单侧负重实力推

训练目的：强化肩复合体稳定性，强化躯干抗侧屈和抗旋转稳定性。

起始动作：站姿，双手托握能量包置于单侧肩上（图 6–7 ①）。

动作过程：呼气，向上推举能量包至头顶正上方，尽量将手臂伸直（图 6–7 ②）。吸气调整再吐气保持核心收紧，并将能量包落在对侧肩上（图 6–7 ③）。过程中保持躯干稳定，头保持不动，可想象沙包像卫星一样绕头运动。

常见错误：执行过快或下肢助力；在推举过程中头“躲”能量包（正确的方式是能量包绕头）；躯干摇晃。

能量包单侧负重实力推

①

②

③

图 6–7　单侧负重实力推

七、平板式横拉

训练目的：提高躯干抗伸展及抗旋转稳定性。

起始动作：双手与肩同宽，双脚略宽于肩，完成手脚四点支撑的平板撑，将能量包横置于胸部下方（图 6–8 ①）。

动作过程：呼气并维持腹压，左手拉能量包向左侧拖拽（图 6–8 ②）。换手支撑并调整呼吸，进行对侧训练（这里介绍的是向外侧拉的动作，该动作也可以用横推的方式进行）。

常见错误：脊柱不良姿势，横拉能量包时骨盆偏转或肩关节复合体无法稳定。

变化形势：如果训练者无法保持躯干稳定，可以考虑增加双脚宽度或小幅度缩窄双手宽度。需要注意的是，双手距离过窄，容易导致肩胛骨过度前伸，因此更推荐增加双脚宽度。

能量包平板式横拉

①

②

图 6–8　平板式横拉

八、单侧负重弓步走

训练目的：提高躯干及髋关节稳定性。

起始动作：能量包置于单侧肩上，双脚与髋同宽站立（图 6-9 ①）。

动作过程：单腿大跨步向前（约一条腿长度），吸气下蹲（图 6-9 ②），呼气起身并步，吸气交换另一腿向前跨步。过程中保持后方大腿与躯干呈一条直线，前方小腿与躯干平行，身体整体呈现 5°~10° 前倾，这样的方式会把更多的阻力负担到前腿上。需要注意前倾角度不宜过大，下蹲后膝关节刚好位于脚面的正上方即可，下一组训练时交换为另一侧负重。

常见错误：双脚左右间距不适宜；步距过大或过小；动作模式异常，理想的动作模式是髋与肩同步运动，如果肩的向上速度小于髋，意味着训练者会呈现“俯身”状态。

①

②

图 6-9 单侧负重弓步走

能量包
单侧负重
弓步

九、垂直速拉

训练目的：增加下肢爆发力及躯干稳定性，提高上下肢联动发力能力。

起始动作：站姿，双脚开立与髋同宽，俯身，双手钩握拉带，保持脊柱中立（图 6–10 ①）。

动作过程：呼气并快速伸膝、伸髋，顺势耸肩、屈肘继续提拉能量包，双肘想象向侧后上方进行“肘击”（图 6–10 ②），这样做的目的是让能量包靠近训练者，从而更好地挺胸并完成上拉。吸气，有控制（减速）地使能量包轻轻还原，放至地面。正确的发力次序应该是优先进行髋膝伸展，在伸展末端脚跟顺势离地。

常见错误：上下肢发力脱节；弓背、圆肩等脊柱不良姿势；动作依靠上肢发力比例过高；向上发力过程中，过早进行“提踵”动作。

补充说明：能量包的速拉及后面的高翻动作都是以髋关节为主导的。大多数训练者可以很好地调用膝关节伸展力量，却不能发挥出髋伸的爆发力，因此能量包的爆发力动作其实更强调髋伸，但这并不是意味着要利用髋伸把能量包“顶”出一个向前的弧线，侧面观察能量包的运动轨迹应该是近似与地面垂直的一条直线。

①　　②

能量包垂直速拉

图 6–10　垂直速拉

十、能量包高翻

训练目的：发展伸髋为主的下肢爆发力及躯干稳定性，提高上下肢联动发力能力。

起始动作：站姿，双脚与髋同宽，俯身，双手钩握拉带，保持脊柱中立（图 6–11 ①）。

动作过程：起始姿势呼气，髋、膝、踝快速伸展（髋、膝先伸展，伸展末端脚踝发力），随即耸肩、屈肘、进一步提拉，这一过程和前面的速拉是一样的。当能量包接近胸部高度时（图 6–11 ②），前臂快速向前绕过能量包，接于前架位（图 6–11 ③）。

常见错误：脊柱未能保持中立位；过多采用上肢发力；从侧面观察，能量包远离身体画出“弧线”。放下阶段需要注意的是避免让能量包离开身体，因为这样摆动的能量包很容易砸到膝关节，相当于在膝关节伸直的情况下施加一个从前到后的力，非常容易造成膝关节超伸，给身体带来损伤。正确的做法是采用肘向后的方式，让能量包沿身体滚落，还原至起始位置。

能量包
高翻

① ② ③

图 6–11　能量包高翻

十一、能量包快速上肩

训练目的：提高髋伸爆发力，提高躯干抗旋转、抗伸展稳定性。

起始动作：能量包位于双脚间，下肢呈硬拉准备姿势，右手在前、左手在后（哪只手在前，能量包将落于哪一侧肩膀上），双手掌心相对勾握能量包（图 6–12 ①）。

动作过程：呼气同时进行髋、膝伸展，右手向上做高拉动作，利用惯性，将能量包中段置于右肩上，微屈膝、屈髋缓冲，左手托能量包，右手从外侧固定能量包（图 6–12 ②）。

常见错误：手握方式和上肩方向不匹配；接能量包时身体明显旋转或重心后移。

能量包快速上肩

①

②

图 6–12　能量包快速上肩

十二、熊爬拖拽

训练目的：增加躯干稳定，尤其突出抗旋转稳定性，同时也可以提高协调性。

起始动作：手脚支撑，能量包竖直置于躯干下方（图 6–13 ①）。

动作过程：小步熊爬向前三步（图 6–13 ②），手向前拖拽能量包（图 6–13 ③）。建议用三步而不是四步，因为三步一次拖拽，训练者需要每次换手进行拖拽，这种“不规律”的方式需要训练者专注度更高。动作过程中注意尽量降低臀部，使膝关节靠近地面。

常见错误：前推能量包时骨盆旋转或脊柱伸展；重心偏向一侧；脊柱不良姿势；有些训练者保持不好手脚之间的距离或无法协调移动。

变化形式：后退爬行手臂回拉能量包。

能量包熊爬拖拽

①

②

③

图 6–13 熊爬拖拽

十三、能量包助力推

训练目的：强化躯干及肩复合体稳定性，提高上下肢协同发力能力。

起始动作：将能量包位于前架位（高翻结束位置，图 6–14 ①）。

动作过程：吸气，小幅度屈髋、屈膝，预蹲（图 6–14 ②），随后立即呼气，同时快速使髋、膝伸展，借助下肢发力的惯性，手臂完成上推动作，将能量包推至头顶正上方（图 6–14 ③）。吸气，让能量包快速落回前架位，能量包碰触身体后顺势屈髋屈膝缓冲，立即再次进行上推，之后连续执行。

常见错误：过头承重位置出现腰椎伸展；能量包没有垂直上推（可于侧面观察能量包轨迹）；动作发力分节（上下肢分节）；动作基本由上肢发力完成。

能量包
助力推

① ② ③

图 6–14　能量包助力推

十四、能量包火箭推

训练目的：提高上下肢肌力及协同快速发力的能力，提高接受外力时的缓冲能力。

起始动作：双臂向上伸直，将能量包置于头顶正上方（图 6–15 ①）。

动作过程：吸气并使能量包自由落体式下落，当能量包落于前架位时顺势快速下蹲（图 6–15 ②），下蹲至髋关节略低于膝或骨盆即将后倾的位置（同前蹲技术），立即呼气进行向上的动作，下肢充分发力，借助惯性上推能量包至头顶位置。同助力推一样，这个动作也是推荐连续执行的。

常见错误：上下肢发力分节；由于快速完成动作容易导致与深蹲相似的常见错误。

能量包
火箭推

①

②

图 6–15　能量包火箭推

十五、能量包分腿跳

训练目的： 强化下肢稳定性，强化起跳与落地技术。

起始动作： 前后分腿站姿，将能量包置于斜方肌上（图 6–16 ①）。

动作过程： 呼气，双脚蹬地，双腿同时伸膝、髋伸完成跳跃（图 6–16 ②），前脚掌触地后屈膝、屈髋缓冲并吸气，随后立即呼气再次跳跃。

常见错误： 没有充分伸膝、髋伸跳跃；双脚落地不同时；身体过度前倾。

补充说明： 该动作可每次跳跃换腿，也可以连续不换腿，执行一组后，下一组交换腿的前后位置。

能量包分腿跳

①　　②

图 6–16　能量包分腿跳

小结：

能量包由于其形状和材质的特性，可进行很多类型的训练，尤为突出的就是稳定性和速度力量训练，颇受运动新人喜爱。由于能量包都是软质的，训练者进行训练时即使出现技术失误也可有效避免碰撞器械造成的损伤。

思考题：

1. 跪姿硬拉与站姿硬拉相比有什么独特训练优势？

2. 能量包比较短（相较于杠铃而言），因此适合扛在单肩上负重，这类单侧负重训练有什么独特优势？

3. 能量包在执行负重跳跃类训练中独特优势有哪些？

第七章 壶铃训练

导言： 壶铃训练在世界范围内有悠久的历史，壶铃经济耐用，训练技术简单高效，适合各个年龄段的训练者。国际上有很多经典的壶铃训练体系，无论是个人训练还是团体训练都有很好的成效，尤其是对爆发耐力有需求的训练者，壶铃训练是极佳的选择。教练员和训练者应明确并谨记壶铃训练中的特殊安全注意事项，从而安全、有效地执行训练。

学习目标

1. 知识模块

- 了解壶铃发展及壶铃的独特训练优势。
- 学会壶铃的经典训练动作及壶铃独特的辅助训练动作。
- 掌握壶铃训练动作的执行标准及训练原则。

2. 能力模块

通过对壶铃训练动作的练习，强化自身运动技巧，提高关节稳定及爆发力，并能高质量完成动作演示，提高教学能力。

3. 素养模块

通过有计划、有规律的训练，强化自身体质及运动表现，努力使自己成为训练有素、教学能力强的优秀教练员。

第一节　壶铃训练的起源和特点

一、壶铃运动的起源

与杠铃和哑铃相比，壶铃的起源更久远。有记载的壶铃运动起源于俄罗斯的集市，它本是计重的工具，作用类似于秤砣或天平的砝码，它有一种单独的计量单位叫“普特”，重量约为 16 公斤。在中国古代，习武之人会进行石锁训练。可能是由于形状、技术门槛等诸多因素，中国的石锁运动并没有发展到全世界。目前就算是在中国，石锁训练也是比较小众的。其实观察石锁和壶铃的很多训练动作，动作模式几乎如出一辙。由于壶铃保存方便、技术简单，因而更易于推广到健身领域并被大众所熟知。

二、壶铃的分类

目前市面上的壶铃主要有两大类，分别是传统壶铃和竞技壶铃。传统壶铃一般是铸铁的，当然也有生产商在外面进行了包胶（图 7–1 ①），以降低对场地的要求（避免磕碰），其体积大小会因重量差异有显著区别；竞技壶铃，无论重量大小其体积均相同，并用颜色区分重量。竞技壶铃多用于比赛，一般重量以每 4 公斤为一个级别进行递增（图 7–1 ②）。

①　　　　　　　　②

图 7–1　壶铃

三、壶铃训练的优势

总的来说，壶铃训练的优势有以下五点：

① 技术简单、有效；

② 低受伤风险；

③ 适合于个人或团体训练；

④ 适用于各年龄层次；

⑤ 设备经济耐用。

这里提到的技术简单，是相较于杠铃而言的。壶铃大多数训练动作都是下肢驱动的爆发力训练，与之类似便是杠铃的举重训练。壶铃训练对全身整体的关节活动度的要求比杠铃举重低很多，技术难度也低很多。和任何抗阻力训练一样，只要按照正确的技术执行训练动作，壶铃训练的受伤风险很低，而且长时间用正确的技术进行壶铃训练，可以有效预防下背部疼痛问题。从壶铃的体积和技术形式来说，壶铃训练需要的场地空间很小，面积为 4 平方米的正方形空间几乎可以完成所有常规的壶铃训练动作。如果只是单纯执行一些原地的摆举或抓举，甚至只需要一个人的站立训练空间便足够。从以往的研究数据来看，不同年龄段的训练者，均可以从壶铃训练中得到不同程度的收益。当然在器材选择及技术动作选择上会有差异。最后从性价比来说，壶铃价格便宜、储存方便、经久耐用，无论是商用还是家用，都是不错的选择。

四、壶铃设备的特殊性

壶铃与其他自由重量设备的最大差异在于它独特的外形。哑铃的重心刚好在握杆区域的正中位置，训练时会被抓在手中；而壶铃的重心在壶体，在手掌之外。这样的设计，除了可以让阻力臂更长，还可以让壶铃绕着手进行“转动”，而这种转动，会产生离心现象，可以有效增加训练者的握力，进而强化上肢力量。壶铃经典动作摆举（图 7–2）难以用其他器材代替就是因为壶铃的特殊形状。另外，由于壶铃的重心在手掌之外，这就会导致即使训练者的身体运动停止了，壶铃依然会顺着原来的运动趋势继续行进，这就要求训练者利用身体的稳定性来对抗壶铃的惯性，因此壶铃也是一个优秀的锻炼关节稳定性的器材。

图 7–2 壶铃摆举

第二节　壶铃训练安全事项及基本使用方法

一、安全事项

在学习壶铃训练技术之前，首先要了解壶铃的基本使用原则和安全事项。壶铃训练中由于高翻和抓举这类训练中有翻铃动作，壶铃会在前臂外侧接触前臂，另外很多动作躯干的运动角度较大且速度较快，因此训练时禁止佩戴项链、手表等一切有安全隐患的配饰。

本书第四章已经对功能性训练的服饰和训练鞋进行介绍，但由于壶铃训练的特殊性（既有功能性训练的特性，又可划分为举重训练类别），这里再次对训练服和鞋选择做一些补充：首先过于宽松的衣服可能会与壶铃接触，影响其活动速度或轨迹，因此不建议穿过于宽松的衣服。其次关于训练鞋，很多高水平壶铃训练者会倾向于穿举重鞋，这里应该以辩证的态度去看待这个问题。如果训练的目的是壶铃竞技比赛，比赛中穿举重鞋有助于成绩提高，为了适应比赛环境，平时训练也可以穿举重鞋。但如果壶铃训练仅是综合的功能性训练或体能训练中的一部分，则穿综合训练鞋更适合。尽量避免过软的鞋底（比如慢跑鞋）即可。另外，赤足训练有助于帮助训练者感受足底的反馈、建立更稳定的足弓，是个不错的选择。

二、热身

进行壶铃训练前的热身大体流程和前面的章节一致。需要注意的是，壶铃训练很依赖髋关节尤其是伸髋的发力，因此股后肌群的柔韧性热身是需要更多关注的部分。当然髋关节的任何运动角度的热身都是需要考虑的内容。此外壶铃有很多“过头位置”，训练者需要单手将壶铃在举过头位置进行承重，因此无论对于躯干各角度稳定性还是肩复合体的稳定性要求都较高。因此肩关节热身与髋关节热身也是壶铃训练前重要的一环。最后就是手腕的热身，原因依旧是过头承重姿势，对腕关节稳定性也有较高要求。

三、基本使用

壶铃使用有一些基本规则需要训练前先了解。壶铃常见的握法有四种（图7–3），为了让壶铃可以在手掌中“转动”，很少会采用类似于哑铃和杠铃的闭合握法，大多都会采用钩握，或只是把壶铃“挂”在手上（穿入式）。

钩握

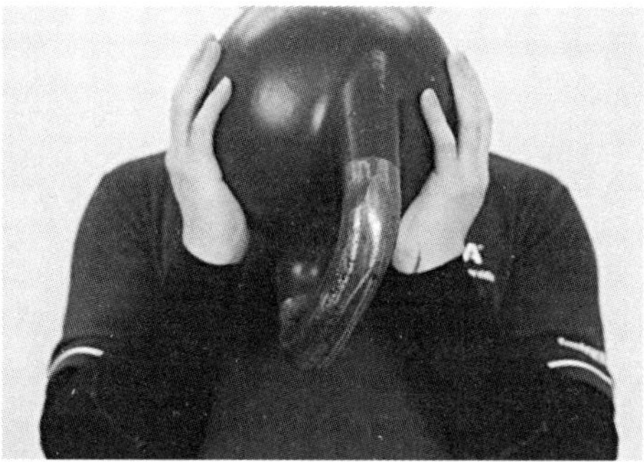

托举 A

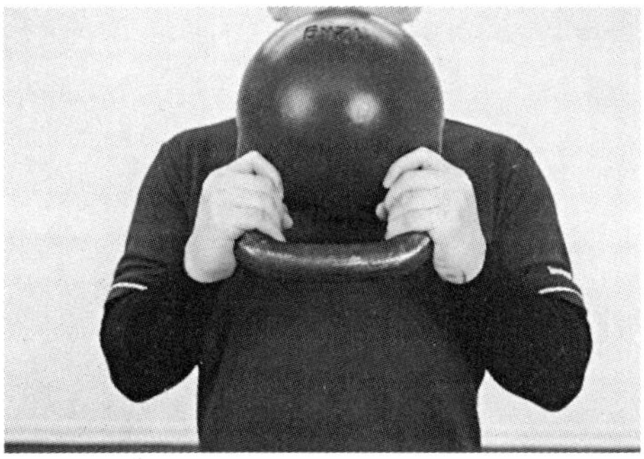

托举 B

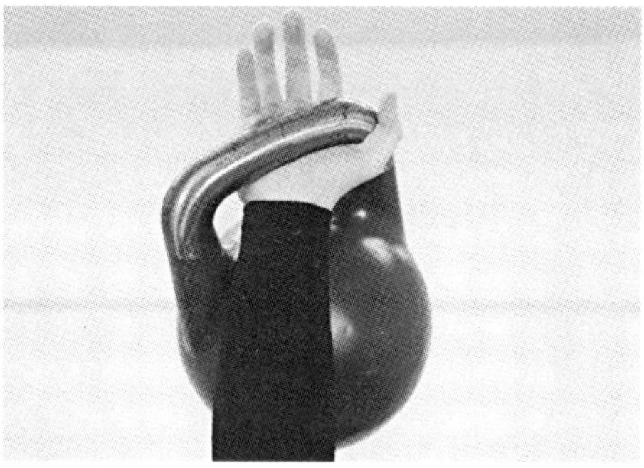

穿入式

图 7–3 壶铃常见握法

另外壶铃训练 3 个常用的持握位置，这三个持握位置均有不同的要领。

1. 体前悬挂位（图 7–4）

很像硬拉的顶端位置，要领如下：

① 脊柱中立位；

② 髋关节充分伸展；

③ 膝关节微屈。

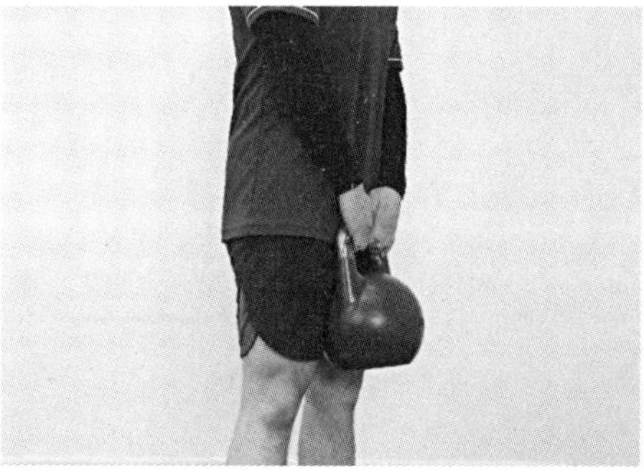

图 7–4 体前悬挂位

2. 前架位（图 7–5）

前架位是很多过头动作前的转换姿势，要领如下：

① 手腕中立；

② 壶柄从虎口斜跨至掌根；

③ 拇指靠近锁骨；

④ 肘靠近肋骨；

⑤ 壶铃倚靠在大臂上。

图 7–5　前架位

3. 过头承重位（图 7–6）

抓举，实力推举的结束位置，要领如下：

① 手腕中立；

② 壶柄从虎口斜跨至掌根；

③ 肘关节自然伸直；

④ 上臂靠近耳朵；

⑤ 壶铃在身体的外侧后方（确保肩关节旋外）。

图 7–6　过头承重位

第三节　壶铃训练动作

一、壶铃经典动作

1. 壶铃摆举（Swing）

训练目的：整合后侧链训练，提高髋伸爆发力及躯干稳定性。在康复和改善慢性腰痛的案例中，经常以功能性训练的形式出现在训练计划中。

起始动作：站在距离壶铃一步远的位置，屈髋、屈膝，钩握壶铃。

动作过程：吸气，利用重心后移，将壶铃摆向靠近身体（图 7–7 ①），当壶铃靠近身体时，呼气，伸髋使壶铃向前（图 7–7 ②），并连续进行。

常见错误：用上肢发力产生的上提动作（类似前平举）；过早屈髋导致腰椎借力增加且爆发力下降；脊柱失去控制如下背部屈曲、骨盆后倾等。

壶铃摆举

①

②

图 7–7　壶铃摆举

变化形势：在双手训练熟练后，可改为单手摆举。从双手进阶到单手不仅是阻力上的变化，更关键的是当单手持壶铃时，不对称的阻力始终需要训练者控制躯干以对抗旋转，单手摆举的换手应在壶铃运动到最高点的滞空瞬间完成（图 7-8）。

单手壶铃摆举

①

②

③

图 7-8　单手壶铃摆举

2. 壶铃高翻（Clean）

训练目的：整合后侧链训练，增加以髋伸为主导的爆发力，接铃动作训练可以提高对发力的控制以及对外力缓冲的能力。

起始动作：站在距离壶铃一步远的位置，屈髋、屈膝、钩握壶铃（图 7–9 ①）。

动作过程：吸气，重心后移，将壶铃拉向身体。当手臂接近大腿位置时迅速呼气伸髋（图 7–9 ②），壶铃向上的同时，手臂控制壶铃靠近身体向上（避免离躯干过远）。当壶铃高度接近胸部时（图 7–9 ③），“压肘穿手”接壶铃于前架位，保持髋伸并微屈膝缓冲，躯干整体小幅向后倾斜以平衡重心（图 7–9 ④）。后倾斜角度根据壶铃重量调整，重量越大向后倾斜的角度就越大。反之，较轻的壶铃无法影响训练者的重心身体也无需向后倾斜。

常见错误：下肢发力不足导致上肢发力过多；过程中侧面观察壶铃远离身体，这会导致接铃时有一个较大的横向的力，造成脊柱剪切力增加；接铃时，壶铃绕手转动导致壶铃砸到手臂，正确的方式应该是前臂绕壶铃转动。

①

②

壶铃高翻

③

④

图 7–9 壶铃高翻

3. 壶铃冲刺推举（Jerk）

①

训练目的： 提高核心及肩复合体的稳定，增加下肢爆发力。

起始动作： 站姿，壶铃位于前架位（图 7–10 ①）。

动作过程： 吸气，小幅屈髋、屈膝，预蹲（图 7–10 ②），然后立即呼气并使下肢三关节快速伸展，借助惯性将壶铃上推至头部附近（图 7–10 ③）。利用壶铃在最高点的滞空瞬间，快速下蹲，同时将手臂伸直，短促呼气收紧核心呈承重姿势（图 7–10 ④）。接铃后待身体稳定，站直身体，调整呼吸（图 7–10 ⑤）。

常见错误： 接铃时脊柱过分伸展；上下肢发力分节，向上动作三关节伸展不充分，而更多采用手臂上推。

变化形势： 冲刺推举技术动作较适合完成大重量，如果是轻重量，更宜采用助力推的方式（技巧同能量包助力推），助力推和冲刺推举的主要差异在于动作过程。

助力推： 站立开始—预蹲—下肢向上发力—站直接铃。

冲刺推举： 站立开始—预蹲—下肢向上发力—半蹲接铃—站直。

②　③

④　⑤

壶铃冲刺推举

图 7–10　壶铃冲刺推举

4. 抓举（Snatch）

训练目的：提高下肢爆发力、肩复合体稳定性及躯干稳定性。

起始动作：站在距离壶铃一步远的位置，屈髋、屈膝，钩握壶铃（图7-11 ①）。

动作过程：吸气，重心后移，将壶铃拉向身体，手臂接近大腿位置时（图7-11 ②），呼气，快速伸髋，壶铃向上举，同时，手臂控制壶铃靠近身体并向上（避免离躯干过远）。当壶铃超过头部高度时，利用壶铃滞空瞬间（图 7-11 ③），以壶体为轴心，快速伸直手臂完成穿手动作接住壶铃（图 7-11 ④）。

常见错误：下肢发力不足，导致上肢发力过多；过程中（侧面观察）壶铃远离身体；接铃时，壶铃绕手转动使壶铃砸到手臂；接铃时，没有保持肩关节旋外。

壶铃抓举

图 7-11　壶铃抓举

5. 土耳其起立（Turkish Get-Up）

训练目的：提高躯干、肩关节及髋关节的稳定性。

起始动作：仰卧于地面，右手持壶铃，右臂垂直于地面，右腿屈髋、屈膝，左臂伸直，掌心向下，左肩外展 45°（图 7-12 ①）。

动作过程：

① 呼气，利用躯干旋转力量上推壶铃并起身，用左手掌、前臂及肘关节接触地面，调整呼吸（图 7-12 ②）。

② 呼气，伸直左肘，手掌支撑地面，身体呈坐起姿势，调整呼吸（图 7-12 ③）。

③ 呼气，双侧髋伸使臀抬高，保持左膝伸直，此时呈左手、双脚的三点支撑姿势，调整呼吸（图 7-12 ④）。

④ 呼气，保持右髋抬高，收回左腿，此时右脚、左膝、左手三点支撑，左膝到手脚距离一致，并呈“等腰三角形”（图 7-12 ⑤）。

⑤ 呼气，手推离地面，下肢同时发力，使躯干直立（图 7-12 ⑥），调整右腿位置，使下肢呈弓步跪势（图 7-12 ⑦），双腿与髋同宽，面朝方向一致，调整呼吸。呼气，弓步向上，后腿向前并步，完成过头的站立承重姿势。

补充说明：这里把每一个阶段单独分出来介绍，是因为每一个阶段的动作均可视为一个“独立训练”。教练员可根据训练者稳定性训练的需求选择这些“独立训练”，也可进行整体的全程训练。进行完整训练时，需要引导训练者慢速执行，并在每一个动作“节点”稍做停顿，避免训练者在身体不稳定时，快速转换到下一个姿势来“隐藏”这个不稳定。

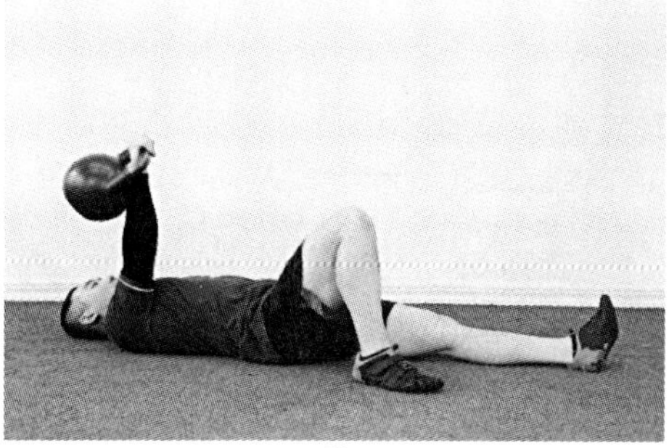
①

②

③

④

⑤

⑥

⑦

图 7-12　壶铃土耳其起立

壶铃土耳其起立

二、壶铃辅助动作

1. 壶铃罗马尼亚硬拉

训练目的：增加股后肌群及臀肌力量，提高腰椎骨盆稳定性。

起始动作：双脚跨立于壶铃两侧，略窄于肩，屈髋为主配合做屈膝，身体向下，直至双手可钩握到壶铃，动作执行开始前确保脊柱中立，手臂伸直（图 7–13 ①）。

动作过程：呼气，伸髋带动伸膝，并保持手臂伸直，抬升壶铃至身体站直（图 7–13 ②）。这里上肢动作同杠铃硬拉基本相同，均可以将手臂想象成仅是两条绳子“挂住”壶铃，避免有屈肘上提动作。吸气，还原，使壶铃接近地面或轻轻接触地面。

壶铃罗马尼亚硬拉

①

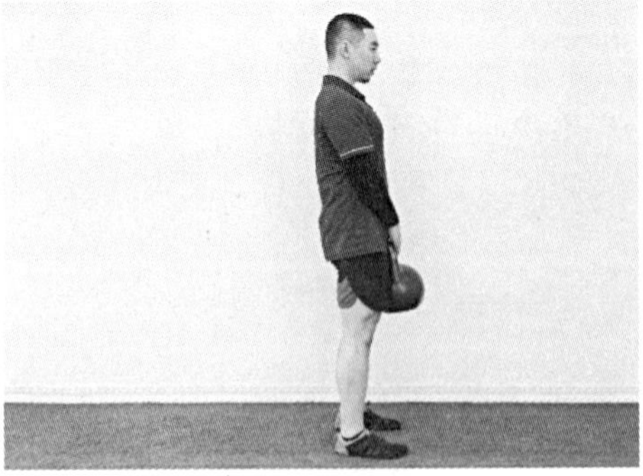

②

图 7–13　壶铃罗马尼亚硬拉

常见错误：训练者容易出现弓背、圆肩、骨盆后倾以及在动作底端抬头看前面等不良的脊柱姿势；上肢有多余发力，常见为屈肘或耸肩；屈膝过多（类似深蹲动作）严格来说这并不是一个“错误”，只是训练收益与训练目的不符。罗马尼亚硬拉更多的是发展后侧肌力，而深蹲更多由大腿前侧股四头肌发力。

变化形势：壶铃在身体侧方，单手执行可提高躯干抗旋转抗侧屈稳定性（图7–14）。也可以单腿执行，进一步强化髋关节稳定性（图7–15）。

补充说明：壶铃有一个独特的优势，壶铃的形状决定了训练者可以将其放在双腿之间，使壶铃与训练者腰部水平距离减少，从而减少腰部剪切力，而不像杠铃那样必须放在小腿前面。

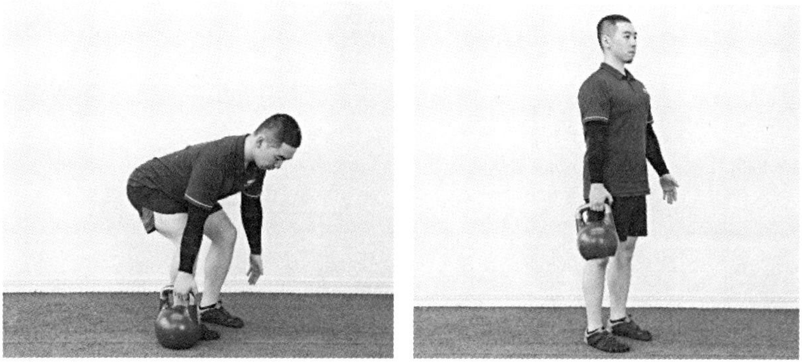

①　　②

图 7–14　壶铃单侧负重罗马尼亚硬拉

壶铃单侧负重罗马尼亚硬拉

①　　②

图 7–15　壶铃单腿罗马尼亚硬拉

壶铃单腿罗马尼亚硬拉

2. 壶铃体前悬挂深蹲

训练目的：提高下肢肌力。动作模式接近深蹲或杠铃中的“传统硬拉”，很好地模拟了人们从地面抬起重物的动作模式。

起始动作：双脚与肩同宽，脚尖略微向外打开，呈深蹲底端姿势，双手钩握壶铃，保持手臂伸直，背部挺直（图 7–16 ①）。

动作过程：呼气，伸膝、伸髋完成站立（图 7–16 ②）；吸气，慢速下蹲使壶铃轻轻回到地面。全程保持手臂伸直（避免屈肘上拉）。

常见错误：弓背、圆肩等不良脊柱姿势；上肢产生拉的动作（如屈肘）；出现深蹲的常见技术错误，如膝关节内扣、骨盆后倾等。

壶铃体前悬挂深蹲

①

②

图 7–16　壶铃体前悬挂深蹲

3. 壶铃风车

训练目的：提高髋关节灵活性、肩关节灵活性及稳定性以及躯干稳定性。

起始动作：右手过头承重位持握壶铃，双脚开立略宽与肩，左脚脚尖外旋90°，右脚内旋45° （图 7–17 ①）。

动作过程：吸气，髋部朝右后方屈曲（沿着右脚脚跟方向），左手沿右腿大腿内侧向下尝试触地，手触地或脊柱即将弯曲为最低幅度（图 7–17 ②）。呼气，慢慢起身还原至初始位置。

常见错误：髋关节活动度不足导致脊柱侧屈代偿；没有正确设置初始位置（尤其是脚的位置）。

①　　②

壶铃风车

图 7–17　壶铃风车

小结：

壶铃历史悠久，传承至今训练体系完善，训练收益广泛，非固定的轨迹也可以很好地训练本体感觉，提高神经适应。由于高速摆动的过程中产生较高的动量，因此在使用较轻的重量时（相比于杠铃），也可以达到较高的运动收益。

壶铃训练目的有很多，有人是为了提高壶铃举重比赛的成绩，有人是想通过壶铃训练提高综合运动能力，以便产生更广泛的运动适应性。因二者目的不同，所采用的技术也不一样。比赛应该用最省力的技术，这样才能在短时间内完成更多次数。本章壶铃技术的要点基本是出于强化综合身体素质的目的，而非比赛，技术要领突出的则不应该是如何省力，而是如何建立更好的动作模式，用高效的方式训练及强化自身。

思考题：

1. 壶铃的形状特征与哑铃不同，在使用壶铃训练时，因为其形状特征有哪些特殊运动收益？

2. 土耳其起立是经典的训练动作，不只是在壶铃体系里备受推崇，训练者也经常使用哑铃或其他负重进行土耳其起立的训练，试着用自己的理解去归纳土耳其起立有哪些训练收益。

3. 壶铃摆举是经典的训练动作，也有很好的运动收益，思考为什么这个动作不能用哑铃，或者杠铃片去执行？

第八章 战绳训练

导言：战绳训练的阻力多元化，涉及复杂动作模式及多运动平面的组合，属于抗阻力训练和心肺训练的结合，所以大部分训练动作的执行难度较高，更适合进阶人群。但由于战绳训练可以在关节受到冲击力极低的情况下训练爆发力和心肺功能，因此部分简单的动作也适用于初学者。由于战绳训练的难度跨度较大，教练员在选择训练动作时需要考虑训练者的运动能力，并注意不当的训练方式和动作模式可能对训练者的腕、肘、肩、脊柱等造成不良影响，甚至产生急性或慢性损伤。因此，合理的握法和正确的动作模式尤为重要。

学习目标

1. 知识模块

- 理解战绳可获得高效、多元训练收益的原因。
- 学会战绳的训练技术并根据运动需求选择适合的动作。

2. 能力模块

掌握战绳训练动作的执行标准，通过对战绳训练动作的练习，强化自身运动技巧，提高综合体能水平，并能高质量完成动作演示，提高教学能力。

3. 素养模块

通过本章的学习，能够有计划、有规律地强化自身体质、提高运动表现，努力使自己成为训练有素、教学能力强的优秀教练员。

第一节　战绳训练指南

一、战绳的特性

目前市面上比较流行的是聚酯纤维战绳，其次是麻绳。如果是在户外使用，耐风吹日晒不易老化的麻绳更适合，也可以购买有外套的聚酯纤维战绳。由于材质相对统一，战绳的参数基本只有两个，即长度及直径。

长度的常见规格一般是 10 米、12 米、15 米和 20 米。当然如果训练者水平高，也可以定做特殊长度的战绳。直径的规格一般有 3 种，分别是 25 毫米、38 毫米和 50 毫米。这样的尺寸是因为战绳训练由西方兴起，计量单位是英寸。战绳的直径根据训练者水平或者手的大小分别设置成 1 英寸、1.5 英寸及 2 英寸（1 英寸≈ 25 毫米），越粗的战绳意味着需要训练者有更强的握力及上肢力量。

二、战绳训练的特点

在执行一般的抗阻力训练时，负重重量往往可以反映运动的“强度”。战绳也涉及重量，同样材质的情况下，影响重量的因素就战绳的长度和直径。但战绳训练中还有另一个非常关键的强度因素——执行速度。

这里来对比一下战绳和哑铃的区别。在执行战绳的交替波浪时会有向上（肘屈）和向下（肘伸）动作（图 8–1），战绳的阻力形式也是重力，如果只观察手臂动作，似乎和哑铃弯举无异，均是肘关节的屈伸动作。然而事实上这里有一个非常明显的区别，哑铃弯举向上过程是肘屈肌群（如肱二头肌）的向心收缩，向下过程则是这些肌群（如肱二头肌）离心收缩制造的减速动作；战绳快速波浪的形成是需要向上向下动作均有较高的速度，向上动作和哑铃一样也是肘屈肌群（如肱二头肌）的向心收缩，而向下动作却是肘伸肌群（如肱三头肌）进行的向心收缩。综上所述，哑铃弯举是相同肌群（如肱二头肌）的向心和离心收缩，而战绳快速波浪则是互为拮抗肌的两部分肌群（如肱二头肌和肱三头肌）反复快速交替进行的向心工作和离心工作。

除了肌肉收缩方式上的差异，战绳和哑铃在执行速度和训练难度上也有明显差异，肱二头肌弯举执行速度越快越省力，尤其是快速下落在动作底端可以利用牵张反射协助完成向上动作，这更像是“偷懒”行为。战绳快速波浪是反复交替的加速动作，肘屈向上的速度越快，意味着肘伸也要产生很快的向下速度，才能完成连续的快速波浪。所以战绳波浪的速度越快，强度就越大。综上所述，战绳训练可以按执行速度分为三类，即三个基本动作分别是爆发力波浪、速度波浪与耐力波浪。

除了上面关于速度的特性，战绳训练还有其他特点：

① 复杂的动作模式；

② 多平面交互动作；

③ 复杂的阻力方向；

④ 心肺与抗阻力训练的结合；

⑤ 可在无关节冲击的情况下训练爆发力及心肺功能。

图 8-1 战绳的交替波浪

不同类型动作可针对性强化不同的能量系统（表 8-1）。

表 8-1 战绳的主供能系统

训练类型	驱动力	主能量系统	训练强度	波浪形式
爆发力波浪	下肢为主	磷酸原	非常高	单次大波浪
速度波浪	上肢为主	磷酸原 + 快糖	高	连续小波浪
耐力波浪	下肢为主	氧化供能	中等	连续中波浪

第二节　战绳基本使用方法及常见错误

一、握法

很多人在做战绳训练时会采用常规握法，即握把平行于地面，这种握法有一定的局限性。在战绳抬高的过程中，需要训练者在握拳的姿势上手腕大幅度尺侧偏移，存在潜在的疼痛风险，且握力得不到有效的训练。因此更推荐使用特殊握法，即握把竖直向上，这样的握法可以在训练中时刻保持手腕中立。

二、设置起始姿势

三步快速设置起始姿势。

① 拉直战绳：确保双侧长度相等，拉直战绳。

② 向前一步：向前走一步，使战绳刚好垂在双脚的两侧。

③ 运动员预备姿势：髋膝微屈，小幅度俯身，脊柱中立，眼睛看向锚点（战绳的固定端）。

② 中向前走一步的距离，这里需要详细解释一下。如果向前走得较多，会更靠近战绳的固定点，那意味着每一个“波浪”需要更高，才能使波浪连续。因此向前走一步是常规的起始位置，如果向前走得更多便会有更大的挑战。但如果向前这一步太小，就会使绳子过于“绷直”，这时绳子被甩动的过程中始终会有一个将训练者向前拉的力，训练者则容易呈现身体重心后移未对抗这个力，这会大大减少后侧链肌肉的训练收益。因此，向前一步可大（更难）不可小（错误技术）。

三、战绳训练的常见错误

战绳训练常见错误

① 过分使用上臂或肩带不稳定。过大的肩屈会给肩关节造成更大的压力。

② 肩关节外展角度过大。处于外展的肩关节受到绳子的阻力会造成肩关节内旋，在内旋的角度上进行肩屈，同样会增加肩关节受伤的风险。错误 3、4 的问题均来自于对关节稳定性的控制。

③ 不良的脊柱姿势。

④ 髋关节不稳定。

⑤ 重心后移。战绳甩动中有一个持续前拉的力，这个力本应该由训练者的后

侧肌肉产生对抗，重心后移则失去了这个效果。

⑥ 脚跟离地的“踮屈”动作。这并不是一个真正意义的错误，也经常在爆发力训练中出现，但这样的姿势容易造成训练者向前摔倒，因此对于初学者来说，这个动作可能有安全隐患。如果是高水平训练者，可以很好地控制身体，避免这个隐患，也可以执行一些起跳离地的动作。

第三节　战绳训练动作

一、髋主导耐力型波浪

训练目的：耐力训练，锻炼后侧链肌群。

起始动作：“三步设置起始姿势”到运动员预备姿势，双脚开立与髋同宽，双臂靠近躯干两侧（图 8–2 ①）。

动作过程：呼气伸髋，顺势小幅屈肩屈肘至手大约与肩同高（图 8–2 ②）。接下来的连续动作始终保持肘屈约为 90°，吸气向下，屈髋同时肩关节回到中立位或进行小幅伸展。随后连续并节奏均匀地执行，动作过程中时刻保持脊柱中立位。

常见错误：除上一节中提到的六个常见错误外，此练习还容易出现反复抬头低头，以及上肢发力过多，导致前臂先疲劳，无法支撑长时间训练的问题。

训练优势：这个训练可以作为体重相对大的训练者进行有氧耐力训练的方案。由于需要长时间抓握战绳，握力施展 30% 即可，可以设置成训练休息比为 3∶1 的间歇训练，比如训练 45 秒休息 15 秒的形式，休息时可以拉伸前臂放松。当然也可以设置成 2∶1 的比例，如训练 40 秒休息 20 秒等。

髋主导耐力型波浪

①　②

图 8–2　髋主导耐力型波浪

二、速度型波浪

训练目的：速度型训练，提高上肢爆发力。

起始动作：双脚开立与肩同宽，双手在胸前竖握把手（图 8-3 ①）。

动作过程：上臂带动前臂产生高速上下动作，过程中应保持下肢稳定，且始终保持起始动作的姿势。动作执行过程中保持均匀有节奏的呼吸（类似跑步的呼吸方式）。

常见错误：侧面观察双手像是“画圈”，正确的方式是双手上下垂直运动。

变化形势：速度型波浪可以产生多种“变式”，如高跪姿（髋关节在伸展状态）速度型波浪（图 8-3 ②）。这一动作执行时核心的刺激非常强烈，尤其是抗旋转稳定性。因此，相对于站姿速度型波浪，高跪姿其实是一种进阶。除此之外，训练者也可以搭配静态蹲、蹲起、弓步、侧弓步、前后移动、横向移动等多种方式作为变化。

速度型波浪

高跪姿速度型波浪

①

②

图 8-3　速度型波浪及高跪姿速度型波浪

三、爆发力大波浪

训练目的：爆发力训练，提高躯干抗屈曲能力。

起始动作：三步设置运动员预备姿势，脚与髋同宽，双肘靠近躯干两侧，可以想象为起跳前的准备动作（图 8–4 ①）。

动作过程：呼气，快速有力地伸膝、伸髋带动手臂向上，双手略超过头的高度（图 8–4 ②），如果肩部有不适感可以降低抬起高度，动作过程中注意下肢关节的伸展，随后快速屈膝、屈髋回到起始姿势。调整呼吸，重置起始姿势，再次执行。每次发力后重置动作的目的很明确，这就好像执行单次最大高度的跳跃落地后，一定要调整再跳才可能完成最好的技术和最大的高度。

常见错误：下肢发力少，导致上肢发力过多；下肢三关节伸展不充分就过早执行向下动作；控制不够，身体被战绳向前方拉出去。

训练优势：该动作可以在无冲击力的情况下训练下肢快速发力能力，使大体重人群或下肢有潜在受伤风险的训练者安全的完成爆发力训练。

爆发力
大波浪

①

②

图 8–4　爆发力大波浪

四、连续小跳波浪

训练目的：低强度下肢增强式训练，可以提高下肢的牵张缩短循环能力。

起始动作：双脚开立与髋同宽，双肘靠近躯干两侧。

动作过程：呼气，伸膝、伸髋跳跃；吸气，落地缓冲。利用快速起跳落地的上下动作带动战绳产生波浪（图 8-5）。注意要连续原地执行跳跃，避免位移及停顿。

常见错误：跳跃时伸髋较少，伸膝或跖屈过多；在战绳的拉力下向前跳跃。

连续小跳波浪

图 8-5　连续小跳波浪

五、战绳开合跳

战绳开合跳

图 8-6　战绳开合跳

训练目的：训练上肢肌力和身体协调性。

起始动作：双脚开立与髋同宽，双手位于身体两侧，掌心略微朝前，这样做的目的是保持肩关节旋外。

动作过程：呼气，双脚朝两侧跳开，手臂从身体侧前方到头顶（图 8-6）。这里需要注意，手臂不是在身体侧面到头顶，而是侧面偏前一些，这是由肩胛骨解剖结构决定的，以减小肩关节压力，避免肩关节损伤。吸气，手臂落回身体两侧，下肢还原到双脚与髋同宽。连续执行跳跃，尽量避免前后位移。

常见错误：执行动作中出现屈髋、俯身等姿势；在战绳的拉力下向前跳跃；为了对抗战绳身体后仰。

补充说明：虽然徒手开合跳很简单，但战绳开合跳有一定的难度，不适合初学者。

六、侧身单手波浪

侧身单手波浪

训练目的：提高身体在冠状面的稳定性和脊柱抗旋转能力。

起始动作：起始姿势时身体侧对战绳锚点，站姿单手持战绳，由脚（或手）固定战绳另一端，头微微转向锚点方向，躯干旋转约 30° （图 8–7）。

图 8–7　侧身单手波浪

动作过程：上臂带动前臂上下甩动战绳，保持有节奏的呼吸，过程中避免躯干旋转及产生下肢动作（尤其是髋关节）。

常见错误：起始姿势设定时躯干过多转向锚点；髋关节左右摇晃助力；重心朝对侧（锚点反方向）转移，以体重对抗战绳拉力。

七、45° 双手波浪

训练目的：提高躯干抗旋转稳定性及抗侧屈稳定性。

起始动作：运动员预备姿势（图 8–8 ①），双脚与战绳呈 45° （图 8–8 ②）双肘靠近躯干两侧，胸椎旋转使两肩连线与战绳垂直。

动作过程：保持有节奏的呼吸，上臂带动前臂双侧同步上下甩动战绳，过程中除上肢外全身应保持稳定。

常见错误：设置起始位置时旋转角度过大，或上半身没有调整到正确位置便开始动作。

变化形势：该动作可变化为双手同步波浪和交替波浪。

补充说明：起始位置设置为 45° 是因为这是匹配胸旋转的正常幅度，超过 45° 则会发生髋关节旋转代偿，如果训练者胸椎有轻微的受限情况，可减小旋转幅度。

45° 双手波浪

①　　②

图 8–8　45° 双手波浪

八、45° 弓箭步波浪

45° 弓箭步波浪

图 8–9　45° 弓箭步波浪

训练目的： 提高核心抗旋转稳定性和下肢稳定性。

起始动作： 身体呈 45° 侧对锚点，弓步跪姿，靠近锚点的腿在前，双肘靠近躯干两侧（图 8–9）。胸椎旋转使两肩连线与战绳垂直。这个起始姿势的设定可以在 45° 双手波浪的基础上，让远离锚点的脚后退一步并呈弓步跪姿即可。

动作过程： 动作执行中保持均匀呼吸，上臂带动前臂双侧同步上下甩动战绳，过程中除上肢动作，全身应保持稳定。

常见错误： 起始位置角度过大、胸椎没有调整到正确位置便开始动作。

变化形势： 该动作变化为双手交替或同步波浪。也可将后腿膝关节离地增加不稳定性。

九、旋转长鞭

旋转长鞭

①　　②

图 8–10　旋转长鞭

训练目的： 提高旋转爆发力，适合于旋转模式的运动，也可以提高抗旋转稳定性。

起始动作： 髋、膝微屈站立（站姿高于运动员预备姿势），双手持战绳于腹部前方（图 8–10 ①）。

动作过程： 动作先以右腿为支撑腿，呼气，以左脚拇趾根部为轴旋转，使左髋内旋，随后带动躯干及手臂，将战绳甩至身体右侧，可以想象成柔道的“抱摔”动作。双脚反复转换（支撑腿与发力腿）连续执行（图 8–10 ②）。

常见错误： 旋转时前脚掌没有踩实（常见脚尖虚点地）；几乎只使用上肢发力；上下肢不协调。

变化形势： 旋转过程中配合前后移动。

补充说明： 这个动作并不是一个纯粹的躯干或上半身的发力，有力的旋转应该是由脚发动的，利用身体每一个可旋转发力的关节产生逐节推动的发力链，最后在手上发出。

十、扫地

训练目的：提高肩复合体的稳定性和髋关节稳定性。

起始动作：运动员预备姿势，双肘靠近躯干两侧（图 8–11 ①）。

动作过程：动作执行时肩关节旋外使战绳向两侧打开，旋内使战绳朝内侧聚拢，连续快速执行（图 8–11 ②），保持下肢稳定。过程中保持有节奏的呼吸（呼吸方式可参考跑步）。

常见错误：躯干有上下动作；借用较多肩部的外展内收动作。

补充说明：该训练充分利用了战绳和地面的摩擦力，以此作为练习阻力。如果地面摩擦力过大，仅靠肩关节旋外的力不足以完成动作，这时身体会依赖表层的大肌群进行动作，这与训练的初衷相违背，因此安排训练时必须考虑地面的摩擦力是否适合。

战绳扫地

①

②

图 8–11　扫地

十一、蛇形

训练目的：提高躯干抗旋转稳定性、髋关节稳定性以及胸椎灵活度。

起始动作：运动员预备姿势，双手持战绳于腹部前方，建议采用双脚与肩同宽的站姿（图 8–12 ①），目的是更好地稳定髋关节。

动作过程：动作执行时利用胸椎旋转动作带动战绳横向摆动（图 8–12 ②），执行动作中保持髋膝稳定，双手对准躯干中线随胸椎旋转进行摆动（避免出现躯干不动而手左右摆动的动作）。过程中保持有节奏的呼吸。由于这个动作主要来自于胸椎旋转，因此动作幅度无需太大。

常见错误：髋关节不稳定（产生旋转），另外本加上动作是双脚踩实地面，这就可能会导致膝关节旋转；含胸也是一个常见的问题，这样的姿势不利于胸椎旋转动作的产生，更容易产生腰椎代偿增加下背部损伤风险；动作幅度过大。

战绳蛇形

①

②

图 8–12　蛇形

十二、上勾拳

训练目的：提高旋转爆发力，适合于旋转模式的运动。

起始动作：格斗姿站立，双脚脚尖稍外展，双手持战绳置于下颌与胸前（图 8-13 ①）。

动作过程：动作执行时保持前腿（支撑腿）稳定，后腿前脚掌为支撑点做蹬地旋转，向上传递转髋，呼气，旋转躯干，顺势上勾拳，前手保持不动，类似防守动作（图 8-13 ②）。吸气，快速还原至起始姿势，还原动作也需要维持前腿（支撑腿）稳定，避免膝内扣。连续执行上述动作。

常见错误：下肢旋转不充分，上肢发力过多；还原动作时，支撑腿不稳定，常出现膝内扣和弓背圆肩等不良脊柱姿势。

① ②

战绳
上勾拳

图 8-13　上勾拳

十三、肩外旋小波浪

训练目的：提高肩复合体稳定性。

起始动作：起始姿势为肘关节屈曲 90°，位于肩关节下方，髋、膝微屈站立（比预备姿势略高）。

动作过程：动作执行时肩胛骨保持稳定，肩关节做小幅外旋动作，快速转动使战绳产生连续向外滚动的小波浪（图 8-14），过程中保持有节奏的呼吸。

常见错误：肘关节离开身体较多（外展幅度过大）；身体不稳定。

肩外旋
小波浪

图 8-14　肩外旋小波浪

小结：

战绳训练是集心肺、力量、爆发力于一体的高效训练手段，特别是在耐力和爆发力训练动作执行时可以做到无冲击，对于下肢有受伤隐患或大体重人群比较适合。

战绳训练中较为基础的耐力型波浪和原地的快速波浪相对简单，其他训练技术大多对身体稳定性、速度、爆发力及协调性等综合素质有一定要求。因此初学者执行这些训练时会出现很多问题，进行纠正往往也无法达到预期，这很可能是训练者的运动水平没有达标，也就是说一些战绳训练的动作目前未必适合该训练者。教练员可以选择退阶，或仅使用一些战绳基础训练动作，也可以通过其他训练形式提高训练者的综合运动能力后，再进行高难度、高强度的战绳训练。

思考题：

1. 战绳训练的常见错误有哪些？这些错误分别会带来什么潜在风险？

2. 战绳训练的动作有很多，但基础动作只有3个，这3个基础动作的最大特征和收益是什么？

3. 战绳训练中，训练者站立位置与战绳锚点的间隔应适当，过远或过近分别会产生什么影响？

第九章 药球训练

导言： 各类药球很适合执行爆发力或增强式训练。通过抛接、击墙、击地、投掷等方式，可使训练者执行“末端释放”动作，从而强化其输出功率。药球训练难度整体较高，因此对训练者身体综合运动能力要求也较高。同为功率输出的训练，相对于传统举重技术，药球技术教学的时间成本大大降低，不仅如此，在旋转类动作模式上，药球更是优于传统举重技术，但由于药球的重量受体积限制，因此更偏向于速度－力量训练，而非力量－速度训练。

学习目标

1. 知识模块

- 掌握药球训练的原则（执行标准）及基本训练方法。
- 了解利用药球进行爆发力训练的基本方法。
- 了解药球和其他“手中”设备的区别。
- 掌握不同药球的使用方式，即适用环境和动作。
- 熟悉如何根据不同运动项目需求选择适合的药球训练动作。

2. 能力模块

通过学习能够熟练掌握药球的训练技术并完成高质量演示动作，进一步强化自身运动技巧，提高综合体能水平，为今后从事体能训练相关工作打下坚实的基础。

3. 素养模块

通过本章学习，熟练掌握药球训练基本的技能，提高教学能力，努力使自己成为训练有素、教学能力强的体育专业人才。

第一节　药球训练指南

一、药球的分类

“药球”是由英文 medicine ball 直译得来，这个名字在国内训练界涵盖的范围较广，本章将实心球、软药球（壁球）与沙球作为一大类，囊括在药球训练这个范畴里。

需要注意的是实心球较硬，体积相对较小且弹性强，适合进行一些长距离抛接或需要击地反弹的类型的训练，在抛接过程中需要额外注意安全（图 9–1）；软药球容易损坏应尽量避免大力摔地（图 9–2）；沙球特别适合做击地训练，并且不用担心反弹出去导致破坏周围物体或击伤周边训练者（图 9–3）。

图 9–1　实心球

图 9–2　软药球（壁球）

图 9–3　沙球

二、药球训练原则及特性

药球是一种非常适合做爆发力训练或增强式训练的运动器械，适用抛接、击墙、击地或直接投掷等训练方式。药球训练强调更高的功率输出，药球离手后，训练者也应注意肌肉离心收缩从而完成减速控制身体，避免姿势失控否则会增加肩关节、躯干等部位的受伤风险。

药球有一些独特之处，比如与能量包相比，同样的是软质设备、体积较小，可以执行很多旋转类的训练，但在执行某些特定训练时，动作会有明显的区别。比如“火箭推”这一动作，用能量包进行“火箭推”需要让能量包刚好地“停”在头顶，训练者需要对自己的爆发力进行主动减速，也就是说，在下肢三关节伸展的最后阶段主动减速；如果采用药球，完全可以用最高的发力速度将球抛出去（末端释放状态），减速是在球抛出后进行的。这样的区别，在一些需要末端释放的动作中体现得尤其明显，比如投掷类、挥拍类、击打类的项目训练中，用药球进行爆发力训练更合适。

第二节　药球训练动作

本节中的训练动作均属于爆发力训练形式，由于药球类器材弹性不同，因此在训练中应选择适合的器材来规避训练中的风险。击地无需反弹的训练动作使用沙球；击墙训练使用软药球；长距离传球或击地后需要反弹的训练动作使用实心球。照此分类选择器材可以最大限度地保证训练的安全，并延长器材的使用寿命。

一、药球爆发力前推（无下肢助力）

练习目的：训练躯干稳定状态下的上肢爆发力。

起始动作：微屈髋、屈膝，背部挺直，站于距离墙面大约 1 米处（具体距离需要参照训练者臂长及力量），也可安排为搭档式训练，屈肘，双手持药球于胸前（图 9-4 ①）。

动作过程：呼气，保持下肢不动，仅用上肢力量大力将球水平前推至墙面或训练搭档（图 9-4 ②），随后保持肘关节微屈，待药球弹回或传回后接住药球；吸气，顺势缓冲将药球移向胸前（减速过程）此时的身体姿势应与起始姿势一致（图 9-4 ①），接球后尽可能快的再次推出（加速过程），发力推球时呼气。

常见错误：下肢不稳定；产生借力动作。

变化方式：分腿站姿、双膝跪姿、弓步跪姿及“V”字坐姿。

①　　②

药球爆发力前推（无下肢助力）

图 9-4　药球爆发力前推（无下肢助力）

二、药球爆发力前推（下肢助力）

练习目的：整合全身动力链，提高爆发力。

起始动作：微屈髋、屈膝，背部挺直，站于距离墙面大约 1 米处（具体距离需要参照训练者臂长与力量），也可安排为搭档式训练，屈肘，双手持药球于胸前（图 9–5 ①）。

动作过程：短促有力的呼气并快速伸展髋、膝关节顺势大力将球水平前推（图 9–5 ②）。球离手后保持肘关节微屈，接球后吸气，缓冲，并屈髋、屈膝，回到起始姿势，随后连续执行。

常见错误：上下肢发力脱节。

变化方式：进阶版本是单次执行的，起始位置离墙更远，重心前压（身体前倾），推出球后可顺势向前一步避免摔倒，这种重心前压的好处是，可以把伸膝、伸髋的力量更多加载到前推的方向上（图 9–5 ③）。如果发现训练者不能很好地使用髋关节伸展的力量，也可以采用跪姿的方式执行，这样的目的是使训练者更关注于髋关节发力。

①

②

③

药球爆发力前推（下肢助力）

药球爆发力前推进阶（下肢助力）

图 9–5　药球爆发力前推（下肢助力）

三、药球火箭推

练习目的：增加下肢爆发力，躯干稳定性，整合身体下肢到上肢的动力链。

起始动作：双手持药球位于胸前，双脚开立与肩同宽，身体直立。

动作过程：快速下蹲并吸气，根据训练者的需求采用半蹲或全蹲（图 9–6 ①），随后立即快速站起，在身体即将站直时，短促有力的呼气同时顺势向上推出药球（图 9–6 ②）。肘微屈等待药球回落，接住药球后，连贯的再次执行。

常见错误：动作执行速度慢；在快速执行动作时产生了深蹲动作中常见的技术错误问题；下肢动作很小，上肢发力太多。

药球
火箭推

①

②

图 9–6 药球火箭推

四、药球旋转击墙

练习目的：提高核心抗旋转能力及旋转爆发力，非常适合旋转发力的运动项目，比如挥拍类或击打类（如网球、高尔夫等）、投掷类（如标枪、棒球投手）、格斗类运动。

起始动作：单膝跪姿侧立于墙旁约 1 米（具体距离视训练者水平而定），使靠近墙的一侧腿在前面，靠近墙的手托球，外侧手在球的侧方（图 9–7 ①）。

动作过程：强有力的短促呼气并躯干旋转，双手顺势将球大力甩向墙面（图 9–7 ②）。回弹接球后，吸气配合躯干旋转缓冲，随后立即呼气再次旋转将球甩出。

药球旋转击墙（跪姿）

①

②

图 9–7　药球旋转击墙（跪姿）

常见错误：躯干旋转发力不足；上肢产生过多的“推力”；髋关节过多旋转。要理解跪姿训练的目的就是“锁住”骨盆和髋关节，更多利用躯干旋转。

变化方式：第一种是采用双腿髋、膝微屈，分腿站姿作为起始位置，旋转的力更多是由下肢开始发动，随后带动躯干从手上爆发出去（图 9–8）。另一种相当于更进一步的进阶，距离墙面更远，侧跨一步后进行旋转发力（图 9–9）。

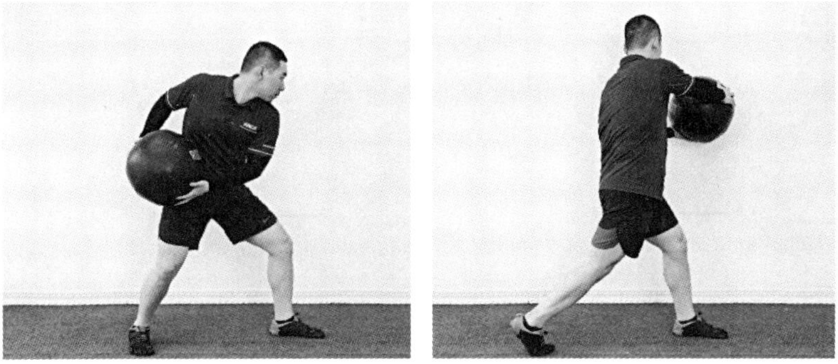

①　　②

药球旋转击墙（站姿）

图 9–8　药球旋转击墙（站姿）

①　　②

药球旋转击墙（跨步）

图 9–9　药球旋转击墙（跨步）

五、前转身双侧交替药球击墙

练习目的：提高核心抗旋转能力及旋转爆发力，非常适合旋转发力的运动项目，比如挥拍类、投掷类、格斗类运动。

起始动作：屈髋、屈膝正对墙面，药球置于身体侧方（图 9–10 ②）。

动作过程：与球同侧的脚蹬地，髋关节旋转并伸展，同时呼气，旋转胸椎以带动手臂将球甩出（图 9–10 ①）。球击墙后，双手接球，吸气并顺势朝对侧旋转，屈髋、屈膝缓冲。重复连续两侧交替执行。

常见错误：没有有效利用下肢及躯干旋转的力量，上肢发力太多。

①

②

图 9–10　前转身双侧交替药球击墙

前转身双侧交替药球击墙

六、站姿过头药球击地

①

练习目的：提高身体前链爆发力。

起始动作：双脚开立与肩同宽，跨于药球两侧，下蹲后双手持握药球（图 9–11 ①）。

动作过程：开始阶段是下肢三关节伸展快速起身，顺势将球抓至头顶上方偏后的位置（图 9–11 ②），此时脊柱及髋关节小幅度伸展。短促呼气，快速屈髋，将球用力砸向地面（图 9–11 ③）。

常见错误：过分使用手臂力量，而降低了躯干和髋关节发力；深蹲技术动作出现问题。

变化方式：头顶前抛球（图 9–12）。

站姿过头
药球击地

②　　③

图 9–11　药球站姿过头击地

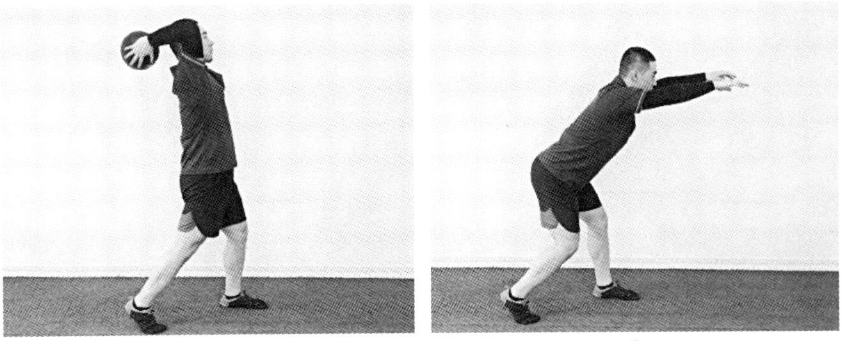

①　　②

图 9–12　药球站姿过头前抛

七、药球伐木

练习目的：提高身体旋转爆发力。

起始动作：双脚开立与肩同宽，呈前后分腿站姿，髋膝微屈，双手持药球于腹部前方（图 9–13 ①）。

动作过程：吸气，同时将球朝身体斜上方拉起，将药球抬升到前方腿一侧的肩膀上方，此时应有一定的躯干旋转角度（图 9–13 ②），快速呼气朝斜下方大力击地，动作很像朝斜下方用力劈砍（图 9–13 ③）。

常见错误：过分使用手臂力量，降低了躯干的旋转发力。

①

②

③

药球伐木

图 9–13　药球伐木

小结：

药球的特性（可抛接）决定了其独特的训练优势，集中体现在爆发力训练和增强式训练领域内。尤其是一些需要末端加速的运动项目，与药球的训练形式十分契合。

需要注意的是这两类训练相对难度较高，需要训练者的身体综合功能性和运动能力较强，执行旋转类的爆发力训练前，要提供充足的热身准备，尤其是胸椎及髋关节活动度的准备。

如果用药球执行一些低速的训练动作，把药球只作为一个“负重”的训练工具，那药球训练的优势则无法体现，因此高阶训练者与药球独特的爆发力和增强式训练更为契合。

思考题：

1. 常见的药球有哪些种类？他们的特点分别是什么？分别适合执行哪类的训练动作？

2. 药球的训练动作很多与增强式训练的原理相同，都利用了什么机制？

3. 各类药球与能量包在爆发力训练中的显著区别是什么？

参考文献

[1] 哈夫，特里普利 . NSCA-CSCS 美国国家体能协会体能教练认证指南 [M] . 第 4 版 . 王雄，闫琪译 . 北京：人民邮电出版社，2021.

[2] 布朗 . 美国国家体能协会力量训练指南 [M]. 第 2 版 . 王雄译 . 北京：人民邮电出版社，2019.

[3] 鲍伊尔 . 体育运动中的功能性训练 [M]. 第 2 版 . 张丹玥，王雄译 . 北京：人民邮电出版社，2017.

[4] 库克，伯顿，基泽尔等 . 动作 – 功能性动作系统：筛查、评估与纠正策略 [M] . 周维金，丁宇译 . 北京：北京科学技术出版社，2021.

[5] 斋藤庆一郎 . 基于代偿运动分析的关节活动度测量指南 [M]. 谢海运译 . 北京：人民邮电出版社，2022.

[6] 史蒂夫 . 壶铃训练指南 [M]. 杨思巧，杨帆译 . 北京：人民邮电出版社，2018.

[7] 麦奎根 . 美国国家体能协会爆发力训练指南 [M]. 曹洁，曹兴龙译 . 北京：人民邮电出版社，2022.